KB253292

고난은
동굴이 아니라
터널입니다

고난은 동굴이 아니라 터널입니다

지은이 • 이건영
펴낸이 • 채주희
펴낸곳 • 엘맨

초판 2쇄 | 2011년 11월 15일

등 록 • 제 10-1562호(1985.10.29)
주 소 • 서울특별시 마포구 신수동 448-6
전 화 • 02-323-4060, 322-4477
팩 스 • 02-323-6416
메 일 • elman1985@hanmail.net

ⓒ이건영, 2011

마 케 팅 • 김연범(010.3767.5616)
마케팅지원 • 정수복

값 12,000 원
ISBN 978-89-5515-411-5   03230

고난은 동굴이 아니라 터널입니다

이건영 지음

엘맨

어느 패전 병사의 기도문입니다.

무엇이나 이길 수 있는 강한 체력을 달라고 하나님께 간구하였으나
나는 약한 몸으로 태어나 겸손히 복종하는 법을 배웠습니다.

큰 일을 하기 위하여 건강을 구했더니
도리어 몸에 병을 얻어 좋은 일을 할 수 있게 되었습니다.

큰 부자가 되어 행복하기를 간구하였으나
나는 가난한 자가 되므로 오히려 지혜를 배웠습니다.

한번 세도를 부려 만인의 찬사를 받기 원했으나
나는 세력이 없는 자가 되어 하나님을 의지하게 되었습니다.

내가 바라고 원하는 것은 하나도 이루어지지 않았으나
은연 중에 나는 모든 것을 얻었으니
내가 드리지 않은 기도까지 이루어졌습니다.

나는 부족하되 만인 중에서 가장 풍족한 은혜를 입었습니다.

　우리 인생은 바닷가에 끊임없이 찾아오는 파도와 같이 끊임없이 고난과 어려움이 다가옵니다. 물론 그 이유는 여러 가지가 있을 것입니다. 이유가 어떻든지 고통스러운 현실만 바라보면 실망과 낙심에 사로잡힐 수밖에 없습니다. 그러나 하나님의 자녀는 고난 가운데 탄식하는 자리에서 일어나야 합니다. 아직도 주님이 우리 자신을 통하여 하실 일을 준비하시고, 진행하고 계심을 인하여 감사해야 합니다. 그러한 현실 속에서도 '하나님을 사랑하는 자 곧 그 뜻대로 부르심을 입은 자들에게는 모든 것이 합력하여 선을 이루느니라' (로마서 8:28)고 약속하셨기 때문입니다.

　고통 속에는 하나님의 뜻이 있습니다. 그리고 신앙은 삶이 평안할 때보다 고통스러울 때 꽃이 피고 열매를 맺습니다. 혹 성도님은 현재 고난 가운데 계십니까? 고난은 앞이 보이지 않는 동굴이 아닙니다. 언젠가 끝이 있고 밝은 태양을 다시 볼 수 있는 터널임을 잊지 마십시오. 죽을 만큼 힘든 삶을 살면서도 여전히 주님께 더 가까이 다가가는 열정을 보이시면 주님께서 회복의 때를 앞당기실 것입니다. 그리고 우리를 소원의 항구로 인도하실 것입니다.

　이 책이 나올 수 있는 것은 전적으로 하나님의 은혜입니다. 또한 부족한 제 목회를 기도와 사랑으로 동역해 주신 장로님들, 성도님들에게 감사를 드립니다. 그리고 따오기처럼 있는 듯 없는 듯 내조해 온 아내와 가족들에게도 감사의 마음을 전합니다.

　이 책을 통해 고통과 절망 가운데 계신 분들이 다시 힘을 얻어 주님 앞으로 나아오기를 원합니다.

2010년 8월
지은이 이 건 영

십자가 곁에 거하십시오

해골이라 하는 곳에 이르러 거기서 예수를 십자가에 못 박고 두 행악자도 그렇게 하니 하나는 우편에, 하나는 좌편에 있더라 이에 예수께서 이르시되 아버지 저들을 사하여 주옵소서 자기들이 하는 것을 알지 못함이니이다 하시더라 그들이 그의 옷을 나눠 제비 뽑을새 백성은 서서 구경하는 관리들은 비웃어 이르되 저가 남을 구원하였으니 만일 하나님이 택하신 자 그리스도이면 자신도 구원할지어다 하고 군인들도 희롱하면서 나아와 신 포도주를 주며 이르되 네가 만일 유대인의 왕이면 네가 너를 구원하라 하더라 그의 위에 이는 유대인의 왕이라 쓴 패가 있더라 달린 행악자 중 하나는 비방하여 이르되 네가 그리스도가 아니냐 너와 우리를 구원하라 하되 하나는 그 사람을 꾸짖어 이르되 네가 동일한 정죄를 받고서도 하나님을 두려워하지 아니 하느냐 우리는 우리가 행한 일에 상당한 보응을 받는 것이니 이에 당연하거니와 이 사람이 행한 것은 옳지 않은 것이 없느니라 하고 이르되 예수여 당신의 나라에 임하실 때에 나를 기억하소서 하니 예수께서 이르시되 내가 진실로 네게 이르노니 오늘 네가 나와 함께 낙원에 있으리라 하시니라
(누가복음 23:33-43)

십자가 멀리서 본 예수님

주님이 지신 골고다 십자가 조금 멀리서 한 무리들이 십자가에 달리신 예수님을 서서 구경하고 있었습니다. 그들은 예수님을 자신들의 종교적 기득권을 빼앗는 선지자로 매도한 대제사장들과 서기관들이었습니다. 그리고 그들에게 현혹되고 매수된 백성들이 멀리 서서 주님의 죽어 가심을 단지 흥미로운 일로 지켜보고 있는 장면입니다.

또한 주님의 옷을 누가 가질 것인가를 제비뽑기하던 군병들도 신포도주를 가지고 예수님을 희롱하였습니다. 당시 신포도주는

군인들이 마시던 값싼 술이었는데 십자가 처형을 당하는 사람들에게 가끔 고통을 덜어주기 위해 주던 술이었습니다. 하나님의 아들이신 주님에게 이런 술을 주는 것은 더 큰 수치와 고통을 주기 위한 희롱이었던 것입니다.

그리고 당시 십자가 처형을 당하는 사람들의 머리 위에는 작은 나무판자에 죄수의 이름과 죄명을 적어 부착하는 것이 관례였는데, 예수님의 패에는 유대인의 왕이라는 글이 쓰여져 있었습니다. 이는 '아니, 그 막강한 권력자인 유대인의 왕이 이런 처참한 십자가를 진단 말인가?' 라는 의미와 함께, 정말 어이없는 사람, 정신 나간 사람이라는 조롱이 담긴 패였습니다. 무리들은 주님을 향한 희롱의 양과 질이 더 가중되는 짓을 자행하고 있는 것입니다.

지금도 이런 인생들이 우리 사회 속에 많이 있음을 부인할 수 없습니다. 멀리서 십자가를 바라보고 있는 것입니다. 지나가는 사람들의 목에 걸린 십자가 목걸이, 혹은 텔레비전에서 보는 배우들의 각종 액세서리에서 십자가를 볼 수 있습니다. 또는 어둔 밤을 비추는 교회들의 빨간 십자가, 그리고 병원 입구에 부착되어 있는 십자가를 보고 있습니다. 때로는 앰뷸런스 차창에서, 혹은 지나가는 차량의 운전대 앞에서 흔들리는 십자가를 보고 있습니다.

그러나 다만 멀리서 보고 있을 따름이므로 그저 흥밋거리 혹은 액세서리 십자가일 뿐입니다. 때로는 그 십자가를 보면서 일부 교인, 교회들의 나쁜 소문들을 상기하며 교회 다니는 사람들을 조롱하고 희롱하며 또는 무시하는 언행을 일삼는 사람들도 있습니다. 또한 마치 태극기 앞에서 국가에 대한 충성을 다짐하듯이, 그 십자가 앞에서 자신의 불신앙을 다시 한 번 다짐하는 결심을 하는 이들도 있습니다.

솔직히 우리들도 그런 사람들에 속하였다가 하나님의 은혜로 이제는 주님을 믿고 따르며, 사랑하는 그리스도 제자의 반열 위에 오르게 된 것을 감사해야 할 것입니다. 그리고 주님은 "아버지여 저희를 사하여 주옵소서 자기의 하는 것을 알지 못함이니이다"라고 용서의 기도를 드리셨는데, 그 현장에서까지 예수님과 그분의 십자가 지심의 이유를 알지 못하는 무지한 백성들과 같은 사람들을 향한 영혼구원의 기도와 행함이 따르는 전도를 포기하지 말아야 할 것입니다.

능력을 받아 전도하는 것이 아닙니다. 전도하고자 기도하며 작은 몸짓이라도 시작하면 성령께서 능력을 주실 것입니다. 내가 전도함으로 그들의 영적무지가 무너지는 것이 아닙니다. 전도하고자 하는 대상을 향한 성령 하나님의 역사로 인하여 서서히 예수님에 대한 무지와 방관, 그리고 희롱이 변하여 예수님을 향한 깨달음과 관심을 갖게 되고 어 나아가 주님을 사랑하고 의지하게 될 것입니다.

하나님께서 보시는 최고의 발 미인은 누구입니까? 하나님의 영의 이끄심에 순종하여 전도하시는 분들의 발인 것입니다. "보내심을 받지 아니하였으면 어찌 전파하리요 기록된 바 아름답도다 좋은 소식을 전하는 이들의 발이여 함과 같으니라"(롬 10:15).

베드로는 성령의 능력을 받기 전에는 한 명도 전도하지 못하였습니다. 그러나 성령의 충만함을 받은 후에는 엄청난 사람들의 영혼을 지옥에서 건진 아름다운 발로서 하나님께 구별되었듯이, 그런 전도은사를 선물로 받아 영혼구원을 위하여 사용 받는 전도자, 인도자, 양육자, 동역자들이 되기를 바랍니다.

십자가 가까이에서 본 예수님

저는 예수님의 십자가 가까이에 매달려 죽어가던 한 편의 강도가 얼마나 복 받은 사람이었는가를 생각할 때마다 가슴이 뛰는 것을 부인하지 못하겠습니다. 왜냐하면 수많은 죄수들 가운데 인생의 제일 중요한 시기인 죽음의 순간에 가까이에서 주님을 볼 수 있는 특권을 받았기 때문입니다.

그 강도는 마치 천로역정에 나오는 기독교인과 같은 복을 받았습니다. 어떤 사람이 어깨를 구부리고 그의 등에 큰 짐을 지고 한 걸음 한 걸음 터벅터벅 어렵게 걷고 있었습니다. 큰 짐은 밤

낮으로 그의 동반자가 되어왔습니다. 그는 단 한 번도 무자비한 무게로부터 놓임을 받지 못하고 있었습니다. 그 사람의 이름은 기독도(기독교인)이며, 존 번연의 고전, 〈천로역정〉에 나오는 중심인물입니다.

그 책에 나오는 감동적인 장면 하나는 기독도가 구원의 길을 찾아가는 장면입니다. 정상에 오를 때까지 그는 언덕 위를 비틀거리며 겨우 올라가고 있었습니다. 그리고 정상에 오른 그는 그곳에서 나무로 된 십자가와 그 아래에 있는 빈 무덤을 보게 됩니다. 그리고 그가 십자가에 가까이 갔을 때 기적이 일어났습니다.

기적의 내용인즉, 그의 어깨 위에서 거대한 무게로 묶여 있던 그 짐의 끈이 풀어지는 것이었습니다. 그리고 그 짐이 흘러 내려, 입을 벌리고 기다리고 있던 무덤 안으로 들어가 버리는 것이었습니다. 그리고 다시는 지긋지긋한 짐이 보이지 않게 되었습니다.

기독도는 너무나 가벼움을 느끼면서 상쾌함을 누리게 되었으며, 안도의 기쁜 눈물이 그의 뺨을 타고 흘러내리기 시작하였습니다. 그 때 광채로 빛나는 세 명의 사람들이 그의 앞으로 다가왔습니다. 그리고 첫 번째 사람은 그를 향하여 이렇게 공포하였습니다. "너의 죄를 용서함 받았느니라." 그런 후, 두 번째 사람은 그의 장기간 여행으로 인한 누더기 옷을 벗겨 버리고 아주 빛나는 옷으로 갈아 입혀 주었습니다. 그리고 마지막 사람은 그에게 인을 친 두루마리를 건네주고, 그것을 천국의 입구에서 펴 보여야 할 때 펴 볼 것을 말씀해 주셨습니다.

그러므로 성령 하나님의 자신을 향한 특별한 역사를 열린 가슴으로 맞이하셔야 합니다. 정작 십자가에서 죽어야 할 사람은 예수님이 아니요, 자기 자신임을 깨닫고 자인하는 은혜를 받아야 합니다. 그리고 "주님, 다른 사람이 아니라, 바로 내가 하나님 앞에서 도저히 의롭다 할 수 없는 죄인임을 고백합니다."라는 신앙 양심의 고백이 있어야 합니다.

그래서 성령의 감동으로 "예수님이 아니라, 내가 죽어야 합니다!"라는 고백 속에 자신이 십자가에 매달리는 고통스러운 심정으로 통회 자백하는 회개를 드릴 때, 다음과 같은 주님의 음성을 들을 수 있을 것입니다. "아버지여, 저 사람을 용서하여 주옵소서!"

그 때 비로소 자신의 무거운 죄의 짐이 풀어지는 축복을 체험하게 될 것입니다. 그리고 이제는 얼굴을 들고 자비하신 하나님의 얼굴을 뵈옵게 될 것입니다. 또한 하나님을 아버지라고 부를 수 있는 영광스러운 신분의 흰옷을 입게 될 것입니다. 드디어 자신을 향한 하나님의 용서하심과 하나님의 자녀로 회복시켜 주심을 향한 감사의 찬송과 기도가 입술에서 터질 것입니다.

짊어지고 가야 할 십자가

십자가상에서 죽임을 당하신 예수님은 사망, 사탄, 세상의 권세를 이기시고 삼일 만에 부활하셨습니다. 그래서 세계의 많은 종교의 지도자들과 달리 화려한 무덤이 없으신 분이 바로 주님, 예수님이십니다. 즉 성경이 자랑하는 것은 죽음을 정복한 빈 무덤입니다. 그러므로 영원한 생명의 첫 열매로서의 예수님을 발견하기를 원합니다. 그리하면 나 같은 사람도 주님의 은혜로 영생의 복락을 누리는 특권을 받았음을 감사하며 신앙생활을 할 때 능력 있는 기독교인이 될 것입니다.

또한, 부활하신 예수님께서 자신을 배신하고 옛날의 삶으로 돌아간 제자들을 디베랴 바닷가에서 다시 만나지 않습니까? 우리들 같으면, 자신을 배반했던 제자들을 향하여 욕설이라도 한번 퍼부을 것 같지 않을까요? 혹 점잖은 분들은 조용히 원망의 눈초리를 보낼지도 모릅니다. 그러나 우리 주님께서는 배고파 하는 제자들을 위하여 떡과 생선을 준비하신 후, 그들에게 "내 양을 먹이라!"는 사명을 주셨습니다.

눈과 방향감각이 나빠 사망의 음침한 골짜기로 헤매고 있는 양 같은 인생들을 위하여, 이제는 주님을 믿고 따르는 길, 하나님과 동행하는 길, 그리고 천국 가는 길을 전해야 한다는 사명을 제자들에게 주신 것입니다. 그 길이 십자가를 지는 것과 같은 고통과 아픔, 외로움과 멸시를 받는 길이라 해도 주님의 제자들이 마땅히 가야 할 길임을 증거하고 계시는 것입니다.

주님은 결코 우리들의 과거를 가지고 끝까지 물어대는 성난 진돗개와 같은 분이 아니십니다. 마치 치매에 걸리신 분처럼, 또는 기억상실증에 걸리신 분처럼 우리들의 지난날을 기억치 아니하시고, 용서하시고 도리어 사명을 주시는 분이십니다. 일개 나라 대통령의 부름을 받더라도 상식을 초월하여 충성하는데, 자신의 현세와 내세의 삶을 죽음에서 생명으로, 지옥에서 천국으로 인도해 주시고 지금도 졸지도 아니하시고 주무시지도 않으시며 동행하여 주시는 하나님과 그의 교회, 그분의 사역을 위하여 충성하는 것, 십자가를 지는 것은 영광이요 축복입니다.

그러나 누구나 다 부르심을 받는 것이 아닙니다. 얼마의 사람들에게 주신 특별한 인생의 호기회입니다. 주님의 복음대로 살고, 복음을 전하다가 받는 십자가 지는 것과 같은 고통은 도리어 축복이 될 것입니다. "의를 위하여 박해를 받은 자는 복이 있나니 천국이 그들의 것임이라 나로 말미암아 너희를 욕하고 박해하고 거짓으로 너희를 거슬러 모든 악한 말을 할 때에는 너희에게 복이 있나니 기뻐하고 즐거워하라 하늘에서 너희의 상이 큼이라 너희 전에 있던 선지자들도 이같이 박해하였느니라"(마 5:10~12).

기독교와 성도들은 모든 것이 평화로울 때보다는 엄청난 박해와 십자가 고통과 같은 핍박이 있을 때 생명력과 능력이 있었음을 기독교 역사가 증명하고 있습니다. 동시에 지금 세계 각처에서 핍박과 감시 속에서 신앙생활 하는 이들의 믿음이, 여기에 있는 우리들보다 더욱 빛나고 힘이 있음을 각종 선교보고(중국 선교사 집회, 중국 지하교회 지도자 수련회)를 통해 알 수 있습니다.

그래서 생명력 있는 신앙인 사도 바울도 내 몸에 예수의 흔적이 있다고 고백하였습니다. 우리들도 주님과 그 분의 교회 및 전도, 선교, 구제 그리고 피차 성령으로 하나 됨을 위하여 고난당한 흔적이 있어야 합니다. 그 흔적이 능력이 되고, 축복이 되며, 상급이 될 것입니다. 즉 그럼에도 불구하고 사랑, 용서, 이해, 덮어준 표적을 하나님께서 기억하실 것입니다. 또한 오해, 가족 피해, 사업, 돈, 그리고 건강상실의 아픔이 있다 하더라도 주님의 몸된 교회가 하나 되어 든든히 서간다면 그것으로 만족하는 분들을 하나님은 주시하고 계십니다. 왜냐하면 예비하신 축복을 허락해 주시기 위함입니다.

"주도 곤욕 당했으니 나도 곤욕 당하리 세상 친구 간사하나 예수 진실합니다 예수 나를 사랑하사 빛난 얼굴 보이면 원수들이 미워해도 염려할 것 없겠네
내가 핍박당할 때에 주의 품에 안기고 세상 고초 당할수록 많은 위로 받겠네. 주가 주신 기쁨 외에 기뻐할 것 무어냐 주가 나를 사랑하니 기뻐할 것 뿐일세" (찬송가 341장 2,3절)

늘 사랑, 다 사랑

그러나 너희 듣는 자에게 내가 이르노니 너희 원수를 사랑하며 너희를 미워하는 자를 선대하며 너희를 저주하는 자를 위하여 축복하며 너희를 모욕하는 자를 위하여 기도하라 너의 이 뺨을 치는 자에게 저 뺨도 돌려대며 네 겉옷을 빼앗는 자에게 속옷도 거절하지 말라 네게 구하는 자에게 주며 네 것을 가져가는 자에게 다시 달라 하지 말며 남에게 대접을 받고자 하는 대로 너희도 남을 대접하라 너희가 만일 너희를 사랑하는 자만을 사랑하면 칭찬 받을 것이 무엇이냐 죄인들도 사랑하는 자는 사랑하느니라 너희가 만일 선대하는 자만을 선대하면 칭찬 받을 것이 무엇이냐 죄인들도 이렇게 하느니라 너희가 받기를 바라고 사람들에게 꾸어 주면 칭찬 받을 것이 무엇이냐 죄인들도 그만큼 받고자 하여 죄인에게 꾸어 주느니라 오직 너희는 원수를 사랑하고 선대하며 아무 것도 바라지 말고 꾸어 주라 그리하면 너희 상이 클 것이요 또 지극히 높으신 이의 아들이 되리니 그는 은혜를 모르는 자와 악한 자에게도 인자하시니라 너희 아버지의 자비로우심 같이 너희도 자비로운 자가 되라
(누가복음 6:27~36)

어느 날 심방을 갔다 오다가 무심코 보게 된 교회 이름이 있습니다. '다사랑 교회'. 너무나 좋은 교회 이름이라고 생각하였습니다. 교회는 무엇을 교훈하는 곳일까요? 세상 사람들의 가르침은 네 이웃을 경계하고, 네 원수를 미워하라는 것입니다.

그러나 성경은 정반대의 가르침을 주고 있습니다.

"너희 원수를 사랑하며 너희를 미워하는 자를 선대하며 너희를 저주하는 자를 위하여 축복하며 너희를 모욕하는

자를 위하여 기도하라 너의 이 뺨을 치는 자에게 저 뺨도 돌려대며 네 겉옷을 빼앗는 자에게 속옷도 거절하지 말라… 너희가 만일 너희를 사랑하는 자만을 사랑하면 칭찬 받을 것이 무엇이냐 죄인들도 사랑하는 자는 사랑하느니라"(눅6:27~28,32).

'아니, 이 험한 세상을 그런 방식으로 살아가라는 것입니까? 차라리 바보처럼 살아가라는 것이 더 낫겠습니다. 그런 말씀대로 사는 것보다 솔직히 예수님이 너의 죄를 대속하셨다는 것을 믿는 것이 더 낫겠습니다' 라고 속으로 중얼거릴 수 있게 하는 주님의 말씀입니다. 그럼에도 불구하고 하나님의 자녀들의 특징은 다 사랑하는 것, 늘 사랑하는 것이라고 말씀하고 있습니다. "오, 주님! 그것이 나의 본성으로는 불가능합니다. 성령 하나님이 도와주소서! 특히 나의 믿음 없는 것을 도와주시고 그런 사랑의 삶을 그림자라도 밟다가 천국 가는 여생이 될 수 있도록 주관하여 주옵소서!"라고 간구하면서 그러한 삶을 살아가야 할 것입니다.

지는 것이 이기는 것입니다.

악이 만연한 사회에서 믿는 사람들이 대처할 수 있는 방법은 오직 두 가지입니다. 첫째는 더 강한 악으로 악을 대응하는 것입니다. 즉 내가 악한 사람보다 더 악해져서 그를 이기는 것입니다. 그러나 이런 방법을 사용하다가는 악을 파괴하기보다는, 더 큰 악을 조장하고 자행하는 사람이 될 수밖에 없을 것입니다. 또한 본인도 악해지고 영육 간에 쉬 피곤해질 수밖에 없을 것입니다.

둘째는 악을 선으로 대응하는 것입니다. 왜냐하면 악은 결국 악을 낳고, 선만이 악을 이기고 선을 낳을 수 있다는 것을 알고 있기 때문입니다. 이런 성경적인 방법을 사용하고자 하는 분들에게는 제일 먼저 말의 변화를 갖게 될 것입니다. 즉 악한 사람의 행위를 보면서 더 큰 악으로 갚지 아니하고, 도리어 그를 위하여 기도하는 말과 축복하는 말을 전할 수 있게 될 것입니다(마 6:44). 동시에 '…때문에'가 아니요, '그럼에도 불구하고'의 선을 행하게 될 것입니다. 그 결과 악한 세상과 사람들이 잠시 비웃을 것이나 때가 차매, 우리들의 사랑의 모습을 보고 하늘에 계신 하나님께 영광을 돌리게 될 것입니다(마 5:16).

이 말씀을 세상에서 흔히 하는 이야기로 대신한다면 아마도 이런 말일 것입니다. '지는 것이 이기는 것!'이라고 말입니다. 신앙의 논리는 역설적일 때가 많이 있습니다. 즉 하나님께서는 가장 사랑하는 성도에게 악을 선으로 갚게 하는 혹독한 시련을 주실 때가 있습니다. 그리고 그 어려움을 믿음으로 잘 이긴 성도에게 갑절의 축복을 예비해 놓으시는 하나님이심을 욥기는 분명하게 보여주고 있습니다.

정말 가정과 교회와 사회생활을 하면서 "나는 나의 권리가 있습니다. 나를 그렇게 취급하는 사람을 너무 쉽게 용서해서는 안 된다고 생각합니다!"라고 말하고 싶을 때가 많이 있지 않습니까? 그런데 그런 우리들에게 예수님은 참으로 역설적인 말씀을 하십니다. "나는 너희에게 이르노니 너희 원수를 사랑하며 너희를 박해하는 자를 위하여 기도하라"(마5:44). 우리들의 현실과 형편을 모르시는 주님이 아니실텐데 말입니다.

그런데 성경에는 신앙의 원리가 때론 역설적일 수 있음을 인정하였던 분들의 삶이 기록되어 있습니다. 아주 기본적이요, 정당한 자기 권리까지 하나님의 말씀에 순종하기 위해 포기하는 분들 말입니다. 그래서 아브라함은 자신의 권리를 포기하고, 조카 롯에게 가나안 땅 중에 자신이 원하는 땅을 먼저 선택하도록 하였습니다(창13:5~12). 요셉은 과거에 형님들이 자기를 이방인의 노예로 팔아 버린 것에 대한 정당한 보복을 할 수 있는 기회를 얻었건만 그 권리를 행사하지 않았습니다(창45:1~11). 다윗 왕은 자신을 죽이기 위해서 산과 들을 헤매던 사울을 죽일 수 있는 호기를 얻었건만 결국 죽이지 않았습니다(삼상24:1~12). 또한 바울은 로마 시민권자로서 정당한 재판을 받아 수치를 피할 수 있는 권리가 있었지만, 말없이 복음을 위하여 매질을 당하며 죽음의 문턱까지 가셨습니다(행16:22~24).

심지어 우리 예수님도 십자가상에서 자신을 조롱하는 사람들에게 보복하시기 위하여 천사들을 부를 수 있는 권리를 행사치 않으셨으며(마26:53~54), 우리 죄인들을 대속하시기 위하여 십자가에 친히 못 박혀 돌아가심으로(벧전2:22~25) 정당한 자기 권리 포기가 무엇인지를 시청각 교육으로 보여주셨습니다.

이렇게 본다면, 세상에 바보천치들의 이야기를 기록한 것이 성경이라는 생각이 들지 않으십니까? 그리고 세상물정 모르는 사람들의 이야기가 성경이라는 생각도 들지 않는지요? 그러나 세상 사람들이 볼 때에 역설적인 행동을 보여 주었던 성경 인물들의 그 후의 삶이 어떠하였습니까? 놀라운 결과가 있었습니다. 즉 아브라함은 주위 사람들에게 하나님의 사람들끼리 서로 싸우는 모습을 보여주지 않는 아름다운 삶을 만들어 갔습니다. 요셉은 애굽의 국무총리가 되었으며, 다윗은 통일 이스라엘의 대왕이 되었고, 바울은 신약성경을 제일 많이 기록하는 은총을 받았으며, 우리 예수님은 부활 승천의 영광을 체험하셨습니다.

수확을 거두기 위하여 씨를 뿌려야 하는 것처럼 성도들은 개인적인 권리와 소유를 도리어 복음의 씨를 뿌리고 영적인 수확을 거두기 위해 희생하는 분들입니다(요 12:24~26). 그리고 그런 분들을 보시면 복을 내려주고 싶으셔서 하늘 보좌에 가만히 앉아 계시지 못하시는 분이 바로 우리가 믿는 하나님이십니다.

또한 그런 삶을 살고 계신 분들은 이미, 주기도의 '우리가 우리에게 죄지은 자를 사하여 준 것 것 같이 우리 죄를 사하여 주옵시고' 라는 기도에 대한 응답을 받은 성도의 반열 위에 올라가게 된 것입니다. 그리고 계속 악으로 악을 갚지 않음이 자신에게 도리어 복이 됨을 자주 경험하는 승리자가 되기 위해 쉼 없이 기도하고, 또한 기도한 후 사랑을 실천하는 여생이 되어야 할 것입니다.

원수 갚는 일은 우리 몫이 아닙니다.

결론적으로 성도들이 자신의 삶을 향해 도전해 오고 있는 악한 영과 사람들에게서 자신을 구하여 달라고 기도해야 할 것이나, 내 손으로, 내 당대에 원수를 갚게 해 달라는 기도와 소망은 갖지 말아야 할 것을 기억해야 할 것입니다. 사도 바울의 권면입니다. "내 사랑하는 자들아 너희가 친히 원수를 갚지 말고 하나님의 진노하심에 맡기라 기록되었으되 원수 갚는 것이 내게 있으니 내가 갚으리라고 주께서 말씀하시니라"(롬 12:19). 이 말씀은 악한 영에게 사로잡혀 하나님의 자녀들을 영육간에 괴롭히는 사람들을 향한 대응의 방법을 말씀해 주고 있습니다. 즉 자기 자신보다, 자신을 향하여 악하게 행동하는 사람들에게 더 관심을 가지라는 것입니다.

관심의 구체적인 표현은 원수를 갚지 말고, 하나님의 진노하심에 맡기라는 것입니다. 다시 말씀드리면 원수 갚는 것이 하나님께 속하였다는 것입니다. 그러므로 그 분께서 그 분의 때에, 그 분의 방법으로 갚으실 것이라는 믿음으로 우리는 손을 떼어야 한다는 것입니다. 즉 성도는 자신의 판단과 권위에 의하여 결코 보복을 해서는 안 될 것이며, 이 진리에는 예외조항이 있을 수 없다는 것입니다.

그 까닭은 하나님은 창조주요, 섭리주로서 인생 모든 일의 감독이요, 주관자이시기 때문입니다. 그러므로 하나님께서는 결코 놓치시거나, 못 보신 일이 없으시며, 못 들으신 말이 없으시며 그분의 판단에는 실수와 오류가 없으시기 때문입니다. 그러므로 급한 보복은 결국 하나님 앞에서의 무례함이며 권위에 도전하는 것입니다. 이제라도 우리에게 보복의 권리를 주신 적이 없음을 깨닫는 복을 받아야 할 것입니다. 이런 것을 깨닫는 복은 방언, 입신, 예언, 영분별의 은사를 받는 것보다 더 중요하고 필요한 것입니다.

이제 자신의 허리에 실탄이 장전된 권총을 담고 있는 가죽 벨트가 보이지 않으신지요? 그렇다면 이제는 권총 벨트를 풀고 오른쪽 다리에 묶여 있는 끈을 풀어야 합니다. 그런 후에 권총 속에 담긴 실탄을 제거해야 합니다. 그리고 원수 갚는 것이 내게 있는 것처럼 방종하였던 자신을 향한 회개의 기도를 하나님께 드려야 할 것입니다. 그러면 용서의 은총을 받게 될 것입니다. 그리고 해방의 기쁨을 누리게 될 것입니다. 하나님께서 보복해야 할 현실을 통하여 도리어 하나님의 복음과 사랑을 만방에 전하실 것입니다.

한국의 기독교인이면 누구나 잘 알고 있는 순교자, 손양원 목사님의 묘지가 있는 애양원을 찾아가 보았습니다. 눈에 들어가도 아프지 않을 자신의 두 아들 동인이와 동신이를 죽인 청년을 도리어 양자로 삼으셨던 '사랑의 원자탄' 손 목사님이야말로 원수 갚는 것이 하나님께 있다는 말씀을 몸소 실천하신 분이신 것입니다.

애양원의 기념관에는 손 목사님의 유품과 사진이 전시되어 있었는데 제 눈길을 오랫동안 머물게 하였던 것은, 두 아들을 잃고 하나님께 감사한 내용의 글이었습니다. 제목은 "두 아들을 잃고…"입니다.

1. 나 같은 죄인의 혈통에서 순교의 자식이 나게 하셨으니 하나님께 감사드립니다.
2. 허다한 성도 중에서 어찌 이런 보배를 주께서 하필 내게 맡겨 주셨는지 주께 감사드립니다.
3. 삼남 삼녀 중에서도 가장 아름다운 두 아들 장자, 차자를 바치게 된 나의 축복을 감사드립니다.
4. 또한 한 아들의 순교도 귀하다 하거든 하물며 두 아들의 순교리요, 감사합니다.
5. 예수 믿다가 와석종신하는 것도 큰 복이라 하거든 하물며 전도하다 총살 순교 당함이리요, 감사드립니다.
6. 미국 가려고 준비하던 내 아들, 미국보다 더 좋은 천국 갔으니 내 마음 안심되어 감사합니다.
7. 나의 두 아들을 총살한 원수를 회개시켜 내 아들 삼고자 하는 사랑하는 마음 주신 하나님께 감사드립니다.
8. 내 두 아들의 순교의 열매로 말미암아 무수한 천국의 아들들이 생길 것이 믿어지니 우리 아버지 하나님께 감사, 감사합니다.

9. 이 같은 역경 속에서 이상 여덟 가지 진리와 신애를 찾는 기쁜 마음, 여유 있는 믿음을 주신 우리 주 예수 그리스도께 감사, 감사드립니다.

내가 먼저입니다.

물론 사람들에게 주어진 믿음의 분량이 모두 다르기 때문에 모든 성도들이 손 목사님 같을 수는 없습니다. 또 같아야 한다고 주장한다면 그것도 과격한 소리일 것입니다. 그럼에도 불구하고 한 가지는 분명히 해야 합니다. 그것은 원수 갚는 일, 혹은 보복하는 일은 결코 내 소관이 아니라는 것입니다. 모든 것의 종국을 오직 하나님께 맡기고, 어려움 가운데에서라도 아직 자신에게 남아있는 감사할 조건을 찾을 수 있는 영적광부가 되어야 할 것입니다.

찾으면 감사할 것이 생각보다 많이 있습니다. 그리고 이런 찬송을 부를 때 더 이상 앵무새처럼 가사를 따라하지 않게 될 것입니다. "나 이제 주님의 새 생명 얻은 몸 옛 것은 지나고 새사람이로다 그 생명 내 맘에 강같이 흐르고 그 사랑 내게서 해 같이 빛난다 산천도 초목도 새 것이 되었고 죄인도 원수도 친구로 변한다 새 생명 얻은 자 영생을 누리니 주님을 모신 맘 새 하늘이로다 영생을 누리며 주안에 살리라 오늘도 내일도 주 함께 살리라"(찬송가 436장 1, 3절).

또한 그런 삶을 영위하면 현세와 내세에서의 상이 클 것이요, 또 은혜를 모르는 자와 악한 자에게도 인자로우시며 지극히 높으신 하나님의 아들이 될 것이며, "너희 아버지의 자비하심같이 너희도 자비하라"는 주님의 말씀을 지키는 자가 될 것입니다. 그로 인하여 "이 예언의 말씀을 읽는 자와 듣는 자와 그 가운데에 기록한 것을 지키는 자는 복이 있나니"(계 1:3)라는 축복이 신앙 생활과 가정, 그리고 사회생활 위에 이슬처럼, 때로는 폭포수처럼 이루어지는 체험이 있을 것입니다.

참된 사랑, 다 사랑, 늘 사랑의 실천은 같이 가정과 교회, 사회 생활을 하고 있는 그 누구에게 바라기보다는 내가 먼저 실천해야 피차간에 회복이 있는 것입니다. 예수님께서 죄악되고 더러우며 배반하기를 잘하는 우리들에게 먼저 다가오셨듯이, 그 사람, 그 일이 나를 괴롭히고 있으나 '그럼에도 불구하고' 먼저 사랑할 때, 그 가정과 교회, 민족 속에서 사랑의 혁명이 일어날 것입니다.

어느 젊은 목사님이 원로 목사님의 아들과 대화를 하다가 이렇게 질문해 보았다고 합니다. "아드님께서 아버님을 통하여 배운 교훈 중에 제일 귀한 것은 무엇이라고 생각하십니까?"라고 말입니다. 그러자 그 아들이자, 선교사님의 대답은 "어떠한 상황에서라도 원수를 만들지 말라!"는 것이었다고 합니다. 아마도 많은 원로 목사님들 중, 유독 그 어르신께서 복된 여생을 보내고 계신 많은 이유 중에 한 가지가 바로 그것일 것입니다.

그러므로 어떤 사람과의 관계에서라도 결코 사랑의 삶을 포기하지 말아야 합니다. 할 수 있거든 원수가 되지 말아야 합니다. 그 결과는 메아리처럼 본인에게 선한 것, 복된 것으로 돌아오게 될 줄로 믿는 믿음으로 말입니다.

은혜와 평강이 있기를 원하노라!

하나님의 뜻으로 말미암아 그리스도 예수의 사도 된 바울과 형제 디모데는 고린도에 있는 하나님의 교회와 또 온 아가야에 있는 모든 성도에게 하나님 우리 아버지와 주 예수 그리스도로부터 은혜와 평강이 있기를 원하노라 찬송하리로다 그는 우리 주 예수 그리스도의 하나님이시요 자비의 아버지시요 모든 위로의 하나님이시며 우리의 모든 환난 중에서 우리를 위로하사 우리로 하여금 하나님께 받는 위로로써 모든 환난 중에 있는 자들을 능히 위로하게 하시는 이시로다 그리스도의 고난이 우리에게 넘친 것 같이 우리가 받는 위로도 그리스도로 말미암아 넘치는도다 우리가 환난 당하는 것도 너희가 위로와 구원을 받게 하려는 것이요 우리가 위로를 받는 것도 너희가 위로를 받게 하려는 것이니 이 위로가 너희 속에 역사하여 우리가 받는 것 같은 고난을 너희도 견디게 하느니라 너희를 위한 우리의 소망이 견고함은 너희가 고난에 참여하는 자가 된 것 같이 위로에도 그러할 줄을 앎이라
(고린도후서 1:1~7)

은혜와 평강이 있기를 원하노라!

　무덥고 칙칙한 여름철, 손으로 잡으려던 파리를 번번히 놓쳐 본 경험이 있을 것입니다. 과연 파리는 사람의 공격을 어떻게 미리 알고 피할 수 있을까요? 이런 문제를 가지고 어떤 과학자가 연구하여 해답을 얻었다고 합니다. 바로 파리의 털이 해답이었습니다. 즉 파리의 털은 사람의 털과 달리 엄청나게 예민한 것이어서, 아주 작은 공기의 흐름도 모두 느끼며 반사작용을 할 수 있다는 것입니다. 그래서 우리들이 손으로는 잡을 수 없지만, 구멍이 많이 뚫린 파리채로는 파리를 잡을 수 있다고 합니다.

　그런데 사람들은 여우와 밍크의 털을 가지고 옷을 만들어 입지

않습니까? 마찬가지로 만일 사람들이 파리의 털을 가지고 옷을 해 입는다면 혹 늦은 밤 강도나 소매치기의 공격을 미리 방지하고 피할 수 있지 않을까 하는 생각을 해보지는 않으셨는지요?

한 가지 이야기를 더 하도록 하겠습니다. 한 여름에 모기에게 물려 본 경험이 다 있을 것인데, 혹 물린 후 얼만큼 시간이 지나고 나서 가려움을 느끼셨습니까? 전혀 신경쓰지 않고, 관심 밖의 일인가요? 그러나 과학자들은 그 시간을 연구하였다고 합니다.

연구결과는 통계적으로 약3분 정도가 지난 후에야 가려움을 느끼게 된다는 것입니다. 그러므로 가려움을 느낄 때가 되면, 우리를 문 모기는 이미 멀리 날아가 버렸다는 이야기가 됩니다. 그러니 가려움이 시작되어 신경질적으로 그곳을 긁어대다가 눈에 보이는 모기를 잡아 보았자, 엉뚱한 녀석이 객사를 하고 마는 것입니다. "에잇, 내가 아닌데 말이야…" 하면서 말입니다.

가정과 교회에서 나누는 대화 속에 더욱 필요한 것은 절제와 지혜입니다. 즉 '이 말을 지금 꼭 해야 하나?' , '이 말을 해서 우리 가정, 혹은 교회에 유익이 될 것인가?' , '지금 이 말을 하도록 하는 것이 성령일까, 악령일까?' 무엇을 말하기 전에 이와 같이 30초만 묵상할 수 있다면, 주위의 많은 사람들에게 분명 가문 여름에 시원한 냉수 같은 사람이 될 것입니다.

성경은 "조용히 들리는 지혜자들의 말들이 우매한 자들을 다스리는 자의 호령보다 나으니라"(전 9:17)고 말씀하십니다. 그런데 초대교회에 교인들과의 대화를 절제와 지혜로 잘 감당한 분이 계십니다. 그분이 바로 고린도후서를 기록한 사도 바울이십니다. 그분의 교인들을 향한 말씀을 보시기 바랍니다.

"… 고린도에 있는 하나님의 교회와 또 온 아가야에 있는 모든 성도에게 하나님 우리 아버지와 주 예수 그리스도로부터 은혜와 평강이 있기를 원하노라"(고후 1:1, 2). 본문 뿐 아니라 나머지 모든 바울서신의 시작도 거의 이와 같습니다. 즉 은혜와 평강을 비는 말로 인사하고 축복하기를 주저하지 않았습니다. 심지어 책망할 이야기를 전하여야 할 순간에도 먼저 그들의 장점을 찾아 축복과 칭찬의 말을 하기를 주저하지 않았습니다.

교회와 가정에서 믿는 이로서 꼭 해야 할 말은 무엇입니까? 그리고 피차간에 유익한 말은 무엇입니까? 또한 성령께서 주시는 언어는 무엇입니까? 그것은 상대방에게 은혜와 평강을 비는 말인 것입니다. 은혜와 평강은 하나님의 구원으로 말미암는 안녕과 평화를 의미하는 것입니다. 그리고 다른 교인, 혹은 가족의 단점과 약점을 캐내어 말하기를 좋아하던 옛 습관을 이제는 동이 서에서 먼 것처럼 떨쳐 버리고 도리어 그에게 복을 빌며, 장점을 먼저 보고 말하며, 칭찬하기를 즐겨하는 며느리, 시부모님, 아들, 딸, 부모님, 성도들이 되기를 바랍니다. 이렇게 복을 비는 말을 즐겨 사용하다가 본인도 하나님으로부터 오는 구원과 회복의 은총을 삶의 현장에서 체험하게 될 것입니다.

고난 속에 하나님의 위로하심이 있습니다.

그런데 예수님을 믿고 신앙생활을 잘 하는 분들에게도 인생의 환란, 풍파가 임할까요? 물론 그렇습니다. 복음을 증거하기 위해 주님과 함께 갈릴리 호수를 건너가던 제자들이 탄 배도 광풍을 만나지 않았습니까? 그래서 배에 물이 가득하고 목숨이 위태한 지경에 처하였던 사실을 성경은 말씀하고 있습니다(눅 8:22~23).

그러므로 이제는 주님을 구주로 영접한 삶을 살아가기에 우리 가정, 혹은 식구들에게 환란과 고난의 풍파가 전혀 다가오지 않을 것이라는 확신은 비성경적입니다. 도리어 예수님 믿는 사람답게 살아가야 하기에, 내 마음대로 살던 시절보다 더 큰 어려움을 당할 수도 있는 것입니다. 그래서 더 힘들어 할 수 있는 것입니다.

그리고 풍랑으로 어려움을 겪고 있는 제자들 곁에서 곤히 주무시고 계신 예수님이 야속하게 느껴졌듯이, "정말 하나님이 살아계시다면 왜 저의 아픔에 동참하시지 않으시고 주무시고 계십니까? 정말 하나님이 졸지도 않으시고 주무시지도 않으시고 우리를 돌보신다는 말씀이 사실입니까?"라고 자조 섞인 하소연을 하고 계시지는 않으십니까?

이제 성령의 도우심으로 사도 바울의 신앙고백을 회복해야 합니다. 즉 "찬송하리로다 그는 우리 주 예수 그리스도의 하나님이시요 자비의 아버지시요 모든 위로의 하나님이시며 우리의 모든 환난 중에서 우리를 위로"하시는 하나님(고후1:3,4)이라고 말입니다.

우리가 믿는 하나님은 지금 우리들이 당하고 있는 모든 환란 중에서 우리를 위로하시는 하나님이십니다. 그 사실을 혹 믿지 않을 사람이 있을까 염려되어 성경의 기자인 성령께서는 짧은 본문에서 위로라는 단어를 10번이나 반복적으로 기록하고 있습니다. 하나님은 성도들을 위로하시기를 원하시는 분이십니다. 특히 환란과 궁핍으로 인하여 막다른 인생길에 처해 있는 분에게 더욱 위로하시기를 원하시는 하나님이십니다.

그러므로 예상치 못한 어려움을 당할 때, 드디어 하나님의 예상치 못하였던 위로를 특별히 받을 수 있는 기회를 얻게 되었음을 믿으십시오. 왜 하나님께서 성도를 그 어려운 지경으로 몰고 가신다고 생각하십니까? 이제는 더 이상 세상의 헛된 것에 마음과 힘을 빼앗기지 않고, 우리에게 오직 하나님만을 더욱 철저히 의지하게 하려는 목적인 것입니다. 이러한 주님의 목적을 깨달을 때 하나님의 위로를 체험하게 될 것입니다(시5:1).

또한 하나님께서 삶의 계획이 처절히 어긋날 정도로 환란과 풍파를 주셨습니까? "너희 중에 고난 당하는 자가 있느냐 그는 기도할 것이요"(약5:13). 그동안 모든 것이 평탄하고 잘 되었던 것이 자기가 잘난 결과인 줄 알고, 기도 쉬는 죄를 범하였기 때문입니다. 평안할 때 더욱 기도하며 하나님과 교회생활에 충실해야 할 것인데 말입니다.

그러나 이런 고난의 계기를 통해서라도 다시 회개기도, 간구기도를 할 때 하나님의 사랑도 회복될 것을 믿고 매달리는 분은 고난 속에서 하나님의 위로가 무엇인지를 체험하고 간증하게 될 것입니다. "고난 당한 것이 내게 유익이라 이로 말미암아 내가 주의 율례들을 배우게 되었나이다"(시119:71).

그러므로 이제는 더 이상 고통 때문에 불평하거나 하나님 혹은 그 사람을 원망하지 마십시오. 그 시간에 더욱 하나님을 철저히 의지하는 결단 있는 교회생활과 기도하기를 시작하며 다시 멈추지 말기를 원합니다. 그로 인하여 "아 하나님의 은혜로 이 쓸데없는 자 왜 구속하여 주는지 난 알 수 없도다 내가 믿고 또 의지함은 내 모든 형편 잘 아는 주님 늘 돌보아 주실 것을 나는 확실히 아네"라는 찬송의 가사가 평생의 간증이 되는 은총을 받게 될 것입니다.

“우리의 모든 환난 중에서 우리를 위로하사 우리로 하여금 하나님께 받는 위로로써 모든 환난 중에 있는 자들을 능히 위로하게 하시는 이시로다.”라는 말씀은 하나님의 관점으로 볼 때 우리가 당하는 환란을 통하여 하나님께 받는 위로는 자신과 비슷한 고통을 받는 교인 혹은 식구들을 위로하는 데 필수적인 과정이 된다는 것입니다. 그리하여 그들을 하나님과 교회로 돌아오게 하는 귀한 도구가 될 수 있습니다.

자신의 아들이 목사임에도 불구하고 모든 목사님들 중, 저를 제일 좋아한다고 하시는 권사님이 계십니다. 그 이유는 간단합니다. 자신이 제2교회 권사이기 때문이라는 것입니다. 1년에 서너 번씩, 권사님 형편으로서는 어느 식사대접보다 귀한 계란 한 판씩을 우리 가정에 선물해 주시는 그 권사님은 은퇴 장로님의 아내이십니다.

장로의 아내가 되었다는 것 때문에 감히 이렇게 귀한 장로님들, 그리고 목사님들과 함께 여행을 할 수 있게 되었다는 것이 그저 감사할 뿐이라는 말씀을, ‘원로, 은퇴장로님 수양회’ 2박3일 동안 수없이 하셨던 설악산 공기만큼이나 순수한 권사님이십니다.

수양회 둘째날, 70세 어르신으로서는 무모한 도전이었다고 해도 과언이 아닐 권금성 최정상까지 등반을 하셨던 그 권사님을

위하여 부목사님이 칡차를 준비해 주셨습니다. 그리고 권사님께
서 내려오는 케이블카 휴게실에 앉아 흐르는 땀을 손으로 닦으
시며 칡차를 마시려고 할 때, 마침 50세가 훨씬 넘으신 남자 청
소원이 걸레를 가지고 휴게실 바닥을 닦고 있었습니다.

그 청소원이 휴게실에 앉아 케이블카를 기다리던 관광객들에
게 관심의 대상이 되지 않은 것은 극히 자연스러운 것이었습니
다. 그리고 저는 겨우 그 걸레가 제 발 아래에 왔을 때, 발을 드
는 정도였습니다. 그러나 청소하는 모습을 잠시 물끄러미 바라
보시던 권사님은 "아저씨, 이 차 좀 마시고 하세요!"라며 자신이
마시려고 하던 결코 싼 값이 아닌 칡차를 선뜻 드리는 것이 아닙
니까?

잠시 당황하던 청소부는 이내 감사하다는 표정으로 그 차를 받
아 들고 휴게실을 나갔습니다. 그 때 저는 권사님의 얼굴에서 흐
뭇해하는 마음과 언뜻 자신의 지난날 삶을 회상하시는 모습을
넉넉히 찾아낼 수 있었습니다. 왜냐하면 권사님의 옛날 직업이
은행 청소원이셨기 때문입니다. 자신의 고단하고 힘들었던 은행
청소원 시절, 그러나 그 직업을 통하여 자녀들을 양육할 수 있었
던 권사님에게는 권금성 케이블카 청소원의 바닥 닦는 모습이
범상하게 보이지 않았던 것이었습니다.

그렇습니다. 지난날 사업을 실패하셨던 경험이 있으십니까?

혹은 심한 질병으로 고생하셨던 적이 있으십니까? 그리고 신앙의 시험거리로 방황하였거나 자녀 문제로 눈물을 흘리셨던 적이 있으십니까? 그밖에 자신만이 알고 있는 아픔으로 고통하다가 하나님의 은총을 체험하셨던 적이 있으십니까? 그것에서부터 하나님의 위로하심으로 회복 받은 지금, 자신과 같은 삶의 아픔을 안고 힘들어하는 어느 교인을 위하여 어떻게, 그리고 무엇을 행하여야 할 것을 그 권사님은 권금성 칡차 한잔으로 우리들에게 교훈하고 계십니다.

혀를 잘 사용하지 못하는 교인, 그리고 고난의 의미를 잘 이해하지 못하는 교인, 또한 하나님의 위로를 받지 못하여 고통당하는 교인에게 예수 점쟁이나 소개해 주는 교인이 되지 않아야 합니다. 이 말씀이 성도들에게 삶 속에 좋은 양약이 되고, 동시에 아픔을 당하고 계신 분들의 삶에 좋은 이정표가 되기를 바랍니다.

내 고초와 재난 곧 쑥과 담즙을 기억하소서 내 마음이 그것을 기억하고 내가 낙심이 되오나 이것을 내가 내 마음에 담아 두었더니 그것이 오히려 나의 소망이 되었사옴은 여호와의 인자와 긍휼이 무궁하시므로 우리가 진멸되지 아니함이니이다 이것들이 아침마다 새로우니 주의 성실하심이 크시도소이다 내 심령에 이르기를 여호와는 나의 기업이시니 그러므로 내가 그를 바라리라 하도다 기다리는 자들에게나 구하는 영혼들에게 여호와는 선하시도다 사람이 여호와의 구원을 바라고 잠잠히 기다림이 좋도다
(예레미야애가 3:19~26)

나는 무엇인가?

성별과 연령에 따라 휴가에 대한 개념이 다른 듯합니다. 여자들에게 30대에는 아이들이 없어야 진짜 휴가라고 합니다. 어린 아이는 등에 업고, 조금 큰 아이의 허리에 묶은 끈을 잡고 이리저리 끌려 다니는 것이 무슨 휴가겠습니까? 40대에는 부엌이 없어야 진정한 휴가라고 합니다. 그래서 아무리 더러운 여인숙이라도 콘도보다는 기분이 상하지 않는다고 합니다. 왜냐하면 콘도는 들어가자마자 보이는 것이 싱크대이기 때문이랍니다.

그리고 여자 50대에는 무엇이 없어야 참 좋은 휴가일까요? 모두 그런 것은 아니지만 남편이 곁에 없어야 진짜 휴가라고들 합니다. 같은 또래, 혹은 같은 신세를 지닌 여자

들끼리 어디론가 훌쩍 떠나고 싶은 여성해방의 나이라 그럴지도 모르겠습니다.

그러면 남자들의 휴가개념은 어떻다고 생각하시는지요? 30대 남자는 처자가 없어야 멋진 휴가라고 합니다. 운전하랴, 휴게소 자판기에서 코코아 뽑아주랴, 마누라 짜증 들어주랴, 한밤중에 일어나 아이들 공격하는 모기를 쫓아내는 수비대하랴, 심지어 해수욕장에서 튜브를 잡아주고 놀아주며 가족해상안전요원까지 해야 하는 것이 보통이 아니기 때문이라고 합니다. 남자들, 정말 그렇습니까?

40대 남자는 기억력이 총명하지 않은 아내와 함께 가야 진짜 휴가라고 합니다. 요새는 촌수들이 이상해져서 남편을 아빠라고 호칭하는 징조가 있는데, 그동안 남편, 아니 '아빠'가 가족을 먹여 살리기 위해 정신없이 세상살이를 하다 보니 '바빠'가 되어 버렸고, 드디어 '나빠'가 되어가는 그 시절, 같이 갔던 아내와의 휴가를 기억해 보셨습니까? 차안에서, 그리고 휴가지에서 그동안에 아내로서 섭섭했던 일, 견디다 못해 보따리 싸다가 풀렀던 일, 애들 키우는데 너무나 힘들었는데 결혼기념일에도 밤늦게까지 술 먹고 들어와 골아떨어지는 남편을 보고 마음으로 이혼을 생각했던 일, 아니 옛 애인을 그리워하며 '에잇, 내가 그 때 눈에 무엇이 씌웠었지! 도대체 이런 사람 어디가 좋다고!' 라는 생각을 하였다는 등, 쉴새 없이 따발총을 쏘아대면 이건 휴가가 아니라 물고문인 것입니다.

　그러면 5,60대 남자들이 말하는 편안한 휴가란 어떤 것일까요? '다른 것 다 필요 없고, 소용없으며 그저 마누라만 곁에 있으면 된다!'는 휴가일 것입니다. 원래 마누라는 '마주보고 드러누워라!'의 준말이라는 해석을 하면서 말입니다. 이런 개념이 남편으로서 참으로 좋은 휴가개념, 혹은 일상적인 삶의 개념인 것 같으나 도리어 이것이 문제입니다.

　그 이유는 남자들은 젊었을 때는 집 밖으로 돌아다니다가 늙기 시작하면서 집안으로 들어오는 것이 상례인데, 여자들은 그렇지 않다는 데 문제가 있습니다. 여자들은 대체로 남자들과 반대인 것 같습니다. 그래서 젊었을 때는 집안에서 가사 일을 돌보는 것이 당연한 일이요, 보람이었는데 나이 들어 갈수록 집 밖으로, 혹은 남편의 곁을 잠시라도 떠나 자유로운 시간과 공간을 가지려는 경향이 있다는 것입니다. 그리고 그런 시간들을 통하여 자신을 다시 바라보고자 하는 경향을 가지고 있다는 것입니다.

　그래서 40대 후반으로부터 60대에 이르는 여성들에게 거의 공통적으로 나타나는 자신을 향한 질문이 있습니다. '나는 무엇인가?'라는 자신에 대한 정체성 문제, 즉 곁에 있는 남편과 자식들은 다 성취감을 가지고 바삐 살아가고 있는 것 같은데, 자신만 점점 가치와 쓸모없는 인생이요, 따돌림 받는 것 같은 느낌에 잠

못 이루다가 무작정 차를 타고 집을 나와 봅니다. 그런데 놀라운 것은 도대체 갈 곳이 없으며, 또한 만나서 내 속을 털어놓을 사람이 없다는 것입니다.

할 수 없이 백화점이나 대형마트로 들어가 이곳저곳을 헤매듯 다니며 물건을 만져 보지만 별로 큰 만족도 없이 다시 쓸쓸히 집으로 들어가는 갱년기의 아내들의 심경에 대하여 놀라울 정도로 남편들은 눈치채지 못하고, 이해하지 못하고 있는 것이 또한 문제입니다. 그러다가 그 고비를 넘기지 못하고 찾아오는 우울증은 마치 높은 고개를 힘들게 올라 다시 내리막길 갈 때의 허전함과 같다고 말씀드릴 수 있습니다. 마치 큰 승리를 차지한 직후, 로뎀나무 밑에서 죽기를 원하는 자조적인 말을 하였던 엘리야처럼 말입니다.

특히 이제는 아무도 나를 도와주지 않고, 도와 줄 수도 없을 것이라는 극단적인 생각과 판단이 많은 여성들과 일부 남성들에게 우울증이라는 손님으로 찾아오게 됩니다. 그래서 이제는 남편, 아내, 그리고 자식들이나 부모님도, 심지어 의사나 하나님까지도 나를 도와줄 수 없을 것이라는 느낌이 확신이 되어 자신을 괴롭히는 것이 바로 우울증입니다.

기독교인도 우울증에 걸릴 수 있다?

이런 고통은 육신적인 질병보다 더 아픈 것이지만, 때로는 집안 식구나 교회 교인들에게 배부른 소리한다는 핀잔을 받기에 충분합니다. "남편은 저렇게 뼈 빠지게 일하면서 돈을 벌려고 기를 쓰고, 자식들은 새벽별 보고 나갔다가 새벽별 보고 들어오며 입시와 사회경쟁에서 이겨 보려고 악을 쓰는데 아니 여편네가 말이야?"라는 말을 듣기에 충분한 것입니다.

그래서 자신의 처지가 그럼에도 불구하고 내색을 하지 않으려고 애를 써야 하는 가정생활, 또한 자신의 처지가 그럼에도 불구하고 교회생활은 계속해야 하고 때로는 봉사생활도 해야 하는 것이 더 큰 고통인 것입니다. 그러면서 아직도 해결되지 않은 질문 '나는 무엇인가?' 그래서 한없이 자신이 작아 보이고 찬송과 기도, 성경을 읽어도 신통치 않은 내가 기독교인이란 말인가, 하는 또 하나의 정체성 문제에 걸려 있는 분들이 아마도 계실 것입니다. 왜냐하면 기독교인도 그런 우울증에 걸릴 수 있기 때문입니다.

혹시 '아니, 어찌 기독교인이란 말과 우울증이라는 말이 공존할 수 있을까? 정말 그 두 단어가 공존할 수 있다는 말을 인정해야 하는가?' 라는 질문을 마음으로 하는 분들도 계실 것입니다. 진정 성령으로 거듭나서 예수님을 자신의 현세와 내세의 구주로 영접한 후, 하나님을 아버지로 모시고 사는 분들도 우울증에 걸릴 수 있을까 라는 질문에 성경은 그렇다고 대답합니다.

왜냐하면 믿음의 세계에서 존경하는 성경의 인물들도 한때 우울증 증세로 인한 고통을 호소하였음을 성경이 증명하기 때문입니다. 오실 예수님의 그림자와 같았던 다윗의 고백입니다. "내 영혼아 네가 어찌하여 낙심하며 어찌하여 내 속에서 불안해 하는가"(시 42:5). 그리고 "여호와여 넉넉하오니 지금 내 생명을 거두시옵소서"(왕상 19:4)라는 엘리야의 절망적인 하소연을 기억해 보십시오. 또한 당시 동방의 의인으로 인정받았던 욥도 큰 고통 가운데 "내 마음이 뼈를 깎는 고통을 겪느니 차라리 숨이 막히는 것과 죽는 것을 택하리이다 내가 생명을 싫어하고 영원히 살기를 원하지 아니하오니 나를 놓으소서 내 날은 헛 것이니이다"(욥 7:15,16)라고 토로합니다. 심지어 온전한 신성과 인성을 함께 지니셨던 예수님도 고통 가운데 "내 마음이 매우 고민하여 죽게 되었으니"(마 26:38)라고 기도하셨습니다.

그런데 이런 우울증의 공통적인 증상이 있으니 그것은 눈물을 흘리는 것입니다. "내 눈물이 주야로 내 음식이 되었도다"(시 42:3). 이 성경말씀은 놀라울 정도로 우리들의 심리를 정확히 표현한 심리학적인 표현입니다. 이렇듯 우울증은 우리들에게 식욕을 감퇴시켜 아무것도 먹고 싶지 않게 됩니다. 그리고 음식 대신에 눈물을 먹고 살게 됩니다. "내 눈물이 주야로 내 주식이 되었으며, 그 맛있던 김치와 반찬, 고기와 후식을 뒤로 물리쳤습니다!"

그러나 기독교인들이 성경을 통하여 다시 한 번 기억해야 할 것이 있습니다. 그것은 그 믿음의 선진들이 언제까지 우울증에 빠져서 헤매인 것은 아닙니다. 우울증세에서 회복하였다는 것입니다. 그리고 새롭게 탄생하듯이, 아니 전혀 다른 사람을 보는 듯할 정도로 변화를 받았다는 것을 성경이 말씀하시고 있습니다.

내게 해당되는 원인은 무엇이라고 생각하십니까?

하루아침에 살이 찌거나 빠지는 사람이 없으며, 하루아침에 사업이 망하는 분은 없습니다. 모든 결과에는 원인이 있듯이, 내가 지금 우울증 증세를 약하게 또는 강하게 겪고 있다면 이미 진행된 원인이 있을 것입니다. 혹 내게 해당되는 원인은 무엇이라고 생각하십니까?

첫째, 과거 하나님께 범죄한 일로 인한 마음의 짓눌림 때문입니다. "내가 (하나님께) 입을 열지 아니할 때에 종일 신음하므로 내 뼈가 쇠하였도다 주의 손이 주야로 나를 누르시오니 내 진액이 빠져서 여름 가뭄에 마름 같이 되었나이다"(시 32:3,4).

둘째, 육체적인 업무의 과중함과 사람들을 통한 많은 스트레스 때문입니다. 이는 갈멜산 정상에서 바알과 아세라 선지자 800여명과 영육간에 전투를 힘겹게 한 엘리야가, 또 다시 이세벨 여왕의 명령을 받은 친위대의 추격을 받게 되자, 차라리 죽여 달라는 고통의 소리를 발하는 우리들과 같은 처지를 말해 줍니다(왕상 19:1~7).

셋째, 자신의 삶 속에서 혼자서는 감당하기 어려운 무거운 짐 때문입니다. 한평생 이스라엘 백성을 광야에서 가나안으로 인도하는 막중한 책임을 가지고 살았던 모세는 "책임이 심히 중하여 나 혼자는 이 모든 백성을 감당할 수 없나이다 주께서 내게 이같이 행하실진대 구하옵나니 내게 은혜를 베푸사 즉시 나를 죽여 내가 고난 당함을 내가 보지 않게 하옵소서"(민 11:14,15) 라고 자신의 처지를 하소연하였습니다.

넷째, 지나친 자기 연민 때문입니다(왕상 19:10,18). 엘리야 선지자는 다른 사람은 몰라도 자신만은 여호와 하나님을 위한 열심이 남들에 비해 지나칠 만큼 특출했는데, 어찌하여 지금 오직 나만 남게 되었습니까 하는 아쉬운 마음을 하나님께 표현하는 시절이 있었습니다. 그러나 하나님께서는 "내가 이스라엘 가운데에 칠천 명을 남기리니 다 바알에게 무릎을 꿇지 아니하고 다 바알에게 입맞추지 아니한 자니라"(왕상 19:18)고 대답하고 계시지 않습니까? 그렇습니다. 지나친 자기 연민에 빠지게 되면 자신을 향한 하나님의 사랑의 손길과 눈길을 보지 못하게 됩니다.

다른 교인이 아닙니다. 성도님도 회복 받을 수 있습니다.

본문을 보면 선민 이스라엘에게도 고초와 재난 곧 쑥과 담즙과 같은 나날이 있었습니다. 그래서 낙심이 되어 우울한 나날을 보낼 수밖에 없었습니다. 왜냐하면 선민이 하나님께 우상숭배 하는 범죄의 결과로 이방민족에게 포로로 잡혀가는 비참한 날이

다가왔기 때문입니다. 그러나 영분별이 있는 예레미야 선지자는 자신의 중심에 회상한즉 오히려 소망이 있었습니다. 여호와의 자비와 긍휼이 무궁하셔서 이스라엘이 진멸되지는 않을 것이라는 믿음 때문이었습니다. 만일 민족과 개인이 하나님 앞에서 회개와 회개의 열매를 바치게 되면 말입니다.

그 소망이 아침에 기도하며 묵상할 때마다 새롭게 확신이 되니, 그저 주님의 성실하심에 감사할 따름이라는 것입니다. 그런 진리를 깨달은 선지자는 드디어 결론적인 예언을 선포합니다. "기다리는 자들에게나 구하는 영혼들에게 여호와는 선하시도다 사람이 여호와의 구원을 바라고 잠잠히 기다림이 좋도다."

성도들이 지금 어떠한 어려움과 우울해지므로 생기게 되는 비참한 상황에 처해 있다고 해도 한 가지만은 잊지 말아야 합니다. 그것은 하나님께서 택하신 백성들은 결코 그렇게 살다가 죽지 않는다는 것입니다. 회개와 그 열매가 근원이 되어 하나님의 회복과 치유의 손길을 맛볼 때가 있을 것이라는 언약입니다. 이 언약은 신약에서 이런 말씀으로 완성됩니다. "사람이 감당할 시험 밖에는 너희가 당한 것이 없나니 오직 하나님은 미쁘사 너희가 감당하지 못할 시험 당함을 허락하지 아니하시고 시험 당할 즈음에 또한 피할 길을 내사 너희로 능히 감당하게 하시느니라"(고전 10:13).

그러므로 중요한 것은 회복해 주시겠다는 하나님 언약에 대한 성도의 믿음의 양과 질입니다. 이제 우리에게 감정을 주신 하나님 앞에 자신의 처지고 불안하며 낙망된 감정을 솔직히 보여드리십시오. 하나님께 자신의 속마음을 기도와 찬양으로 털어 놓을 수 있는 성도가 복된 분입니다. 소망이 계신 분이요, 제대로 신앙생활하시는 분이십니다.

그리고 그런 성도에게 새로운 소망과 기쁨을 회복시켜 주실 분이 바로 우리 아버지 하나님이십니다. 하나님의 자녀가 하나님 앞에 자신의 속마음을 털어 놓을 수 없다면 도대체 어디에서 자신의 문제를 해결할 것입니까? 그런 시간과 공간을 마련하시기 바랍니다. 하나님의 성령께서 역사하실 것입니다. 그리고 동행하실 것입니다. 회복시켜 주실 것입니다.

이스라엘이여 너는 행복자로다

이스라엘이여 너는 행복한 사람이로다 여호와의 구원을 너 같이 얻은 백성이 누구냐 그는 너를 돕는 방패시요 네 영광의 칼이시로다 네 대적이 네게 복종하리니 네가 그들의 높은 곳을 밟으리로다
(신명기 33:29)

보편적 의미로서의 성공은 마치 피라미드 꼭대기에 올라가는 것과 같습니다.

이집트에 있는 피라미드를 직접 볼 수 있는 기회가 있었습니다. 밑부분은 상상을 초월한 크기였습니다. 그러나 피라미드의 윗부분으로 올라가면 갈수록 좁아지기 시작하였습니다. 피라미드 밑부분 곁에는 관광객들과 호객행위를 하는 상인들로 북적거렸습니다. 그러나 윗부분으로 올라갈수록 사람들이 올라갈 수 없었습니다. 혹 날아다니는 새들을 중간부분에서는 볼 수 있었으나 정상에서는 아무것도 보이지 않았습니다. 사람도 새도 볼 수 없었습니다.

만일 여러분이 피라미드 꼭대기를 올라갈 수 있다면 그곳은 분명 거처할 곳이 너무 좁다는 것을 느끼게 될 것입니다. 물론 곁에 사람이 있음을 볼 수 없을 것입니다. 아마도 정상에 올라왔다는 기쁨도 잠시 뿐이요, 금방 불안함을 느끼게

될 것입니다. 고독함과 외로움, 그리고 이제는 경쟁대상도 없는데도 마음에 여유가 전혀 없음을 느끼게 될 것입니다. 어떤 분은 다시 내려가고 싶은 충동을 강하게 받을 것입니다.

그런 상태가 바로 보편적 의미에서의 성공이라고 말씀드릴 수 있습니다. 왜냐하면 성공에는 참된 성공이 있고, 거짓된 성공이 있기 때문입니다. 마치 사막의 신기루와 같은 거짓된 성공이 있기 때문입니다. 그런 거짓된 성공을 좇아 성취한 사람은 마치 피라미드 꼭대기에 서 있는 인생과 같을 수 있습니다. 그럼 참된 성공이란 무엇입니까? 그래서 참된 행복을 누리며 사는 분은 어떤 사람입니까?

지금 자신이 하고 있는 일에 만족을 느낀다면 성공한 사람이요, 행복한 사람입니다.

비 오는 날에 교회 벽과 마당을 물청소하는 분의 이야기를 들어보셨습니까? 우리 교회 관리 집사님이 그렇습니다. 왜 우산도 없이 비를 맞으시며 그 일을 하시느냐고 물어보자 집사님께서 하시는 말씀, "목사님, 비가 오니까 각종 오물과 작은 돌들이 교회마당을 지저분하게 하지 않습니까? 오늘처럼 바닥에 물기가 있을 때 깨끗이 닦아 내야죠!"

그러던 어느 날, 꽤 많은 비가 오는 저녁이었습니다. '혹시나' 하는 마음에 교회를 둘러 보았더니, '역시나' 관리 집사님은 물

호스를 들고 교회 본당 외벽 물청소를 하고 계셨습니다. 잔뜩 비를 맞으셔서 주변머리 밖에 없는 머리가 더 훤해 보이시는 집사님에게 "아니, 집사님, 비 오는데 이러다가 감기 걸려요. 비 멎으면 하세요!"라고 말씀드리자 하시는 말씀, "목사님, 비가 그치면 바닥 청소한 교회마당은 깨끗해져 보기에도 시원할 테지만, 그동안 먼지로 찌든 본당 벽은 상대적으로 더러워 보이지 않겠어요? 빗줄기가 미치지 않는 이 벽을 물 호스로 청소해 놓은 후, 비가 멎으면 아마도 온 교회가 깨끗해 보일 것입니다!" 저도 성령님도 못 말릴 분입니다.

제 사택은 교회 내에 있었습니다. 몇 년 전, 30년이 훨씬 넘은 너무나 낡은 사택을 새롭게 건축할 때 이야기입니다. 어느 날 사택공사를 담당한 건축업자가 저에게 이런 불만을 토하는 것이었습니다. 누구 때문에 너무 신경 쓰여서 작업을 못하겠다는 것입니다. 누구 때문이냐고요? 물론 우리 교회 관리집사님 때문이지요. 그 분은 교회마당이 더러운 것을 잠시도 못 보는 분이시기 때문입니다. 오늘 공사가 다 끝난 후 청소하라고 아무리 타일러도 말을 듣지 않는다는 것입니다.

도리어 우리 집사님께서는 "작업이요? 계속하세요. 방해되지 않을 시간에 저는 틈틈이 청소할 것이니까요!"라며 더 열심히 일을 하더라는 것입니다. 아마도 건축공사가 진행되는 동안 작업현장과 바닥이 그렇게 깨끗한 곳은 우리 교회 사택현장 뿐이었을 것이라는 확신은 지금도 변함이 없습니다. 왜냐하면 그 업자의 말씀 때문입니다. "정말 수많은 공사를 해보았으나, 내 일평생 이렇게 건축공사 현장을 매일 깨끗하게 청소하는 사람을 아직은 보지 못했습니다!"

왕년에 운동하지 않았던 남자가 거의 없다고 하지만, 우리교회 관리 집사님은 왕년이 아니라 지금도 그 몸이 돌과 같이 단단하십니다. 그래서 목욕탕에 가시면 젊은이들이 우리 집사님의 탄력 있고 균형 잡힌 몸을 만져 보면서 "아저씨, 정말 60세가 넘으셨어요?" 놀라신답니다. 우리 교회 처음 오셨을 때, 교회 관리집사의 위치를 제대로 파악하지 못하여 불같은 성격을 자주 폭발하므로 부인되는 집사님의 특별기도제목이 되셨던 남편 집사님이 이제는 은퇴할 시기가 되었습니다.

그 집사님이 늘 하시는 말씀이 있었습니다. "목사님, 교회 관리집사가 기본적으로 할 일은 닦고, 쓸고, 거두어 버리는 것이 아닙니까? 그것 하라고 저를 채용하시고서는 왜 쉬엄 쉬엄하라고 하십니까? 즐겁게 하도록 내버려 두세요. 제가 좋아서 하는 일입니다. 하하하!" '더 많이', '더 크게', '더 유명하게' 라는 구호로 대변되는 이 세대의 흐름에 휩싸여서 많은 사람들이 자신에게 주어진 현실에 만족하지 못하며 살아가고 있습니다. 그래서 우리를 열등감, 혹은 우월감, 성공으로 얼룩진 인생살이로 몰아가고 있습니다. 그로 인하여 "하필이면 하나님, 왜 접니까? 수

많은 사람들 중에서 왜 제가 이런 고통스러운 일을 당해야 합니까?"라는 탄식을 하게 만드는 세상 속에서, 우리 관리 집사님 내외분은 자신의 주어진 현실에 만족할 줄 알았습니다. 즉 늘 오늘이라는 현실은 하나님께서 자신에게 주신 최상의 선물임을 알았습니다. 동시에 자신이 받은 한 달란트를 땅에 묻지 않고, 도리어 그것을 가지고 한 달란트를 남기고자 열심히 사역을 감당하였습니다.

그런 삶이 보시기에 아름다웠든지 하나님은 관리 집사 부부의 삶을 중간평가하시면서 생각보다 후한 점수를 주었습니다. 그래서 딸은 목사님 아내가 되는 복을, 그리고 아들은 미국에 있는 좋은 신학교에 넉넉히 입학하여 신학도의 길을 걸어가게 되는 복을 주신 것을 저도 흐뭇한 마음으로 볼 수 있게 되었습니다.

진정한 하나님의 자녀란 자신에게 주어진 한 달란트를 선용하는 사람들입니다. 자신이 지금 하고 있는 일에 대하여 불평하지 않고, 감사와 만족을 하면서 말입니다. 그런 분이 행복한 분입니다. 성공적인 삶을 살아가는 분입니다. 그렇지 않은 기간이 길어지면, 혹 지금 있는 건강, 지혜, 재능, 돈, 그리고 다른 사람들에게 자랑하던 그것을 하나님께서 빼앗아 가실 수 있습니다. "그에게서 그 한 달란트를 빼앗아 열 달란트 가진 자에게 주라 무릇 있는 자는 받아 풍족하게 되고 없는 자는 그 있는 것까지 빼앗기리라 이 무익한 종을 바깥 어두운 데로 내쫓으라 거기서 슬피 울며 이를 갈리라 하니라"(마 25:28~30).

　그러므로 직업과 삶에는 귀천이 없습니다. 현직에 계시든, 은퇴하셨든지 말입니다. 그리고 어느 곳에서 무슨 일을 하든지 자기가 하고 싶어 하며 즐거움으로 하면 행복한 것입니다. 성공적인 인생을 살고 있는 것입니다. 의사 누가가 일평생 육신적으로 연약한 사도 바울과 동행하며 소위 떠돌이 주치의의 역할을 하였으나 그는 자기가 하고 싶은 일을 했기에 후회한 흔적을 성경에서 찾아 볼 수 없습니다. 혹 지금 하시고 있는 일에 만족을 느끼십니까? 감사하십시오. 성공한 인생이요, 행복한 사람이기 때문입니다.

참된 성공과 행복은 나 혼자만의 것일까요, 아니면 우리들의 것이 되어야 할까요?

　우리 교회에 어느 새가족이 등록을 하여, 그분의 가게로 심방을 갔습니다. 주안의 한 빌딩 1층 모퉁이 공간에서 작은 음식점을 경영하고 있는 분이었습니다. 우리를 밝은 표정으로 영접하며 예배를 드린 후, 음식을 대접하며 우리들에게 하시는 말씀은 정말 충격적이었습니다.

　"목사님, 아무래도 식당을 이전하든지, 다른 생업을 생각해 보아야 할 형편이 되었습니다. 이곳에 음식점을 차리고 그런대로 장사가 잘되었습니다. 그런데 이 건물 주인이 참으로 이해되지 않습니다. 같은 1층 우측 공간에 우리와 똑같은 메뉴를 취급하는 음식점을 허락해 주겠다는 것입니다. 목사님이 보시다시피 그 곳은 손님들이 각 골목에서 모여 들어오는 입구요, 우리 가게보다 거의 배나 큰 곳이라 영업 결과는 불 보듯 뻔하지 않겠습니까?

　주인에게 찾아가 간절히 사정도 해보고, 때로는 답답한 심정에 마음의 눈물을 흘리며 애원도 해 보았으나 조금도 대화가 되지 않는 분이었습니다. 그리고 주인이 나중에 하는 말은 저의 마음을 무너뜨리고 말았습니다. '이 사람아! 가난한 자가 당하는 것이 당연한 것 아니야?' 그 말을 들은 처음에는 분노가 치밀었으나 시간이 지난 지금은 그를 만나면 왜 그리 측은하게 보이는지요? 저의 앞날을 위하여 새롭게 기도하고 있습니다. 목사님도 같이 기도해 주세요!"

　정말 그 건물 주인이 자신의 과거 어려울 때를 잠시라도 추억해 볼 수 있다면 가난한 자가 당하는 것이 당연하다는 비수와 같은 말을 던질 수는 없을 것입니다. 나 혼자만의 성공은 동물의 왕국에 나오는 동물들과 다를 바 없는 성공이요, 행복입니다. 반면 기독교적인 행복은 다른 사람을 행복하게 해 주고자 할 때, 나 자신의 행복과 성공도 이루어 질 수 있다는 것입니다. 즉 다른 이들이 잘 되면 자신도 잘될 수 있으며, 내가 잘되었으면 너와 우리가 있었기 때문인 줄 알고 나누어주는 마음을 가진 자들이 모인 곳이 행복한 곳입니다. 참된 행복은 조직체 행복이 아니라, 공동체 행복이기 때문입니다.

2002년 8월은 정치인들이 삼삼오오 짝을 지어 분당한다는 이야기로 신문이 도배되던 날이었습니다. 그러나 시원한 소낙비와 같은 기사를 볼 수 있는 행운이 있었습니다. 팔순의 실향민 강태원 어르신께서(83세) 자신이 소유하고 있는 현금 200억과 소유하고 있던 부동산 약 70억, 그러니 약 270억원을 KBS 1TV '사랑의 리퀘스트'에 기탁하였다는 것입니다.

강 어르신께서는 평소 어려운 이웃을 돕기 위한 공익방송 프로그램인 '사랑의 리퀘스트'를 자주 시청하셨는데 마음에 감동을 받아 자신의 일평생 모은 전 재산을 기부하기로 결심하였다는 것입니다. 이 프로그램의 한상길 PD는 "지난해 2월 첫 방송 후 이처럼 많은 금액을 기탁한 것은 처음"이라며 "그 어르신의 뜻을 살려 '강태원 후원금' 수혜자 고정 코너를 만들어 방송할 예정"이라고 말하였습니다.

그 어르신은 해방 후 고향 평양에서 단신 월남하여 포목상과 운수사업을 통해 큰돈을 모았으며 평소 힘들게 모은 재산을 사회에 환원하고자 하고자 하는 신념을 가져왔다고 합니다. 그래서 지난해에는 사회복지시설인 꽃동네에 100억 상당의 부동산을 기증하기도 하였습니다. 한편 KBS는 16일 기부금 기증식을 갖고 '강태원 복지 문화재단'을 설립하게 되었습니다. 그 분이

기독교인인지 여부는 모르겠습니다. 그러나 기독인의 정신을 실천한 사람입니다.

돈 좀 있다고 가난한 자가 당하는 것이 당연하다는 사람과, 사회 연약한 사람들에게 기증하는 사람과의 차이는 무엇일까요? 나눔의 정신입니다. 우리 예수님께서 자신의 생애와 목숨을 연약한 우리들을 위하여 나누셨듯이 말입니다. 그것이 무엇이든지 좋습니다. 자신에게 있는 것을 나누는 삶은 성경적이요 기독교적인 삶인 것입니다. 그리고 나누는 기쁨과 보람은 나누는 자만이 알 수 있을 것입니다. 혹 성도님 중, 자신은 아무것도 나눌 것이 없다면 교회와 사회, 가정에서 환한 웃음이라도 나누는 여생을 살아가기를 진심으로 원합니다.

결국에는 하나님을 만나는 것이 완벽한 성공이요, 행복입니다.
인간의 진정한 행복, 완성적인 행복은 무엇일까요? 자기 자신 혹은 자기 가족만이 누리는 그 무엇일까요? 물론 그런 행복이 필요합니다. 하나님을 만나는 것이 완벽한 성공이요, 행복입니다. 그리고 자신이 소유하고 있는 그 행복조건들을 하나님께 돌려드리는 삶이 완벽한 성공이요, 행복한 삶인 것입니다. 그러므로 이 세상에서 하나님을 만나는 순간보다 더 영광스러운 순간은 없을 것입니다. 그 날이 부모님 품에서 하나님을 만나는 날이었든, 혹은 친구나 애인의 손에 이끌려 하나님을 만나는 자리에 나오는 날이었든, 아니면 자식 혹은 아내나 남편의 권유로 7, 80대가 되어 늦게 하나님을 만났건 그 시간은 문제가 되지 않습니다. 하나님을 만날 수 있는 그 때가 인생의 정점입니다. 행복의 완성입니다. 성공 중에 최고의 성공자입니다. 그러면 그 하나님을 만날 수 있는 자리 중 최고의 가능성이 있는 곳이 어디일까요?

성도들이 불신자들을 전도할 때 종종 이런 질문을 받을 수 있을 것입니다. "그러면 집사님은 정말 하나님을 보았습니까?" 그럴 때 우리들은 자신 있게 그리고 믿음으로 이런 대답을 해야 할 것입니다. "예, 물론 저는 하나님을 보지는 못하였습니다. 그러나 자주 그 하나님을 느끼며 교회생활하고 있지요. 만일 당신도 하나님을 만나고 느끼고 싶다면 우리 교회 예배시간에 참석해 보시기 원합니다. 분명 하나님을 느끼게 될 것입니다."

예배 중 하나님을 만나고 느낄 수 있는 축복과 특권을 열린 심령으로 선용하시기 원합니다. 하나님을 느낄 수 있는 것은 지식으로 되는 것이 아닙니다. 믿음으로 이루어지는 것입니다. 찬송, 기도, 헌금, 설교 및 축도시간에 그분을 뵙고 싶은 간절한 열망과 갈망으로 임하면 하나님은 영으로 그런 분을 찾아오실 것입니다. "나를 사랑하는 자들이 나의 사랑을 입으며 나를 간절히 찾는 자가 나를 만날 것이니라"(잠8:17).

그리고 우리들을 위로하시는 하나님, 때로는 권면하시는 하나님, 그리고 함께 동행할 것을 언약해 주시는 하나님을 만나거나 느끼게 될 것입니다. 인생의 전반전은 하나님을 느끼지 못하고 살았다면 이제 후반전, 혹은 연장전을 살고 있는 지금은 그분을 느끼고 만나며 살아가는 행복자들이 되시기를 바랍니다.

"사람이 만일 온 천하를 얻고도 그 목숨을 잃으면 무엇이 유익할 것이냐"라는 말씀에 주목해야 합니다. 인생이 재물의 축적, 혹은 명예를 위한 투쟁으로 여기고 그것들을 성취하였기에 행복한 것이 아니라는 것입니다. 목숨문제, 죽음문제, 내세문제, 즉 영생보험을 잘 들어야 참된 행복을 누릴 수 있다는 것입니다.

이 문제를 해결하기 위하여 예배 중, 하나님을 만나는 복을 받아야 합니다. 예수 그리스도의 대속의 죽임 당하심을 자신의 죄 용서함 받음과 하나님 자녀됨의 원천이요, 천국에 넉넉히 들어갈 수 있는 영적 해결책임이 믿어지는 복을 받아야 합니다. 그 은총을 위해 생명을 걸고 예배에 참석해야 합니다.

영적 이스라엘 같은 성도들이여 너희들은 행복자로다. 왜 그렇습니까? 하나님께서 많은 민족과 사람들 중에 구원하신 사람이기 때문입니다. 그리고 하나님께서 우리들의 삶에 방패가 되시고, 대적을 복종시키는 칼이 되어주시며 대적들의 높은 곳을 밟게 해 주시는 하나님 아버지로 임마누엘하시기 때문입니다.

넘어질까 조심하라!

그런즉 선 줄로 생각하는 자는 넘어질까 조심하라
(고린도전서 10:12)

우울증으로 넘어질까 조심하세요.

지금 우리나라에서 소리 없이 확산되는 사회적인 암이 있습니다. 그것은 바로 우울증으로 인한 자살문제입니다. 2001년 10월엔 서울의 한 병원 이비인후과 김 모(42세) 교수가 같은 병원 정신과 의사로부터 "증세가 심각하니 즉시 입원해야 할 것"이라는 지시를 받고 입원 하루 전 스스로 목숨을 끊고 말았습니다.

또한 같은 해 12월에는 서울의 사립명문 모 대학 화공과 김 모(54세) 교수가 자신의 연구실에서 독극물을 마시고 자살한 사건이 있었습니다. 또한 김 모(26세)씨가 부산시 연지동 S 아파트 24층에서 투신자살하였는데 그 역시 대학을 휴학하고 우울증 치료를 받고 있던 중이었다고 합니다.

서울의 백병원 신경정신과 우종민 교수는 "매년 5,000명 정도가 우울증 때문에 자살하는 것으로 추정된다"며 "이는 연간 6,000~6,500명의 자살자들 중에 약 70~80%에 해당된다"고 말하였습니다. 우울증이란 뇌에서 기분을 조절하는 물질의 활성도가 떨어지면서 발생하는 정신질환으로 우리나라 전 국민의 약 5%정도가 환자인 것으로 추정되고 있습니다.

그리고 우리나라 사람의 약 20%정도는 평생에 한 번 이상 우울증에 걸려 본 경험이 있는 것으로 알려져 있습니다. 서울대병원 정신과 하규섭 교수는 "일반적으로 여자 환자의 자살 기도율이 남자보다 2배 정도 많지만 여자가 신경안정제 복용 등의 소극적 방법을 선택하는데 비해 남자는 투신 등과 같은 극단적인 방법을 쓰므로 자살 성공률은 남자가 여자보다 2배 정도 높다."고 말하였습니다.

이런 우울증에 걸리게 되면 식욕감퇴, 불면증, 폭식 또는 거식증, 면역기능 약화 등의 신체장애 증상이 나타나고 특히 '나는 쓸모없는 사람이야!' 라고 자책하면서 최종적인 해결방법을 결국 자살로 택하게 되는 가능성이 많다는 것입니다. 혹 여러분은 우울증 증세를 경험해 보셨는지요? 혹은 지금 자신이 그 우울증 증세로 인하여 삶과 신앙생활에 적지 않은 해를 입고 계시는지요?

내가 지금 어떤 상태에 있던지 제일 먼저 기억해야 할 것은 그 누구도 우울증에서 완전 면죄된 사람은 없다는 사실입니다. 고린도전서 10장 12절에 "그런즉 선 줄로 생각하는 자는 넘어질까 조심하라"고 바울 사도가 말씀하신 것처럼 우리들이 알고 있는

신, 구약의 많은 믿음의 선진들도 인생의 한 때 넘어져 우울증으로 고생을 하였습니다. 그러므로 우울증이란 불청객은 특별한 사람에게만 찾아오는 것이 아니라, 우리 자신들에게도 찾아 올 수 있고 찾아왔을 가능성이 있다는 것입니다. 그 사실을 성경이 증명하고 있습니다.

즉 성웅 다윗 왕에게도 한 때, 우울증은 찾아왔었습니다. 여인 밧세바를 범한 후 공식회개하지 않던 그에게 삶의 소망이 끊어지는 우울증 증세가 오기 시작하였습니다(시 38편). 또한 이방인을 향한 하나님의 처사에 불만과 분노를 터트리던 요나는 그 분노가 자신의 성품을 지배하면서 스스로 죽기를 자처하는 우울증에 빠지게 됩니다(욘 4:1~11). 또한 베드로도 예수님을 부인하다가 결국 저주하였으며 그 일이 그를 괴롭히며 심한 통곡으로 시작되는 우울증세를 보였습니다(마 26:69~75). 그리고 가룻유다는 예수님을 배반한 것을 회개하지 않고 끝없는 후회만 하다가 포상금으로 받은 은 30개를 성전에 던지고 자살하는 우울증의 말기증세를 보였던 것입니다(마 27:1~5).

그러므로 자신에게 이미 찾아왔었거나 지금 찾아와 있는, 혹은 앞으로 찾아올 수 있는 이 우울증을 자신만이 당하고 있는 특별한 상황이라고 단정하지 말아야 합니다. 도리어 어린아이, 청년, 중·장년, 노년 심지어 죽기 직전의 사람에게도 찾아올 수 있는 이 녀석에 대한 대처방법을 지혜롭게 선용하는 성도가 되어야 할 것입니다. 원인분석만큼 중요한 것은 바로 처방과 치료이기 때문에 아래의 말씀을 유념하셔야 할 것입니다.

1. 우리 안에 있는 ‘감정의 연못’ 이 마르지 않게 해야 합니다.
우리들은 살아가는 것이 바쁘다는 핑계로 우리 안에 있는 감정의 흐름에 대하여 심각하게 여기지 않고 있습니다. 그래서 감정이란 연애할 때, 혹은 장례식장에서나 발동되는 요소 정도로 생각하고 있습니다. 그러나 우리들에게 찾아오는 불청객 우울증의 무서운 원인이 바로 분노라는 감정에 기인된다는 것을 가볍게 보아서는 안 될 것입니다.

우리들 안에 모두 ‘감정의 연못’ 이 있습니다. 이 연못은 마치 다음과 같습니다. 지구에는 엄청난 양의 물이 있습니다. 그리고 그 물은 지구표면 온도가 갑자기 상승하거나 하락하는 것을 막아주고 있습니다. 그러므로 그 물은 지구가 일정한 온도를 유지하는 데 엄청난 역할을 하고 있는 것입니다. 만일 지구에 물이 없어진다면 마치 달 표면의 기온 차이처럼 낮과 밤의 기온 차이가 섭씨 100도 이상이 될 것이요, 생명체들은 결국 처절히 죽게 될 것입니다.

마찬가지입니다. 우리들 마음 안에도 감정이라는 연못에 물이 차 있습니다. 그 연못의 물은 우리들의 감정이 갑자기 치솟거나 내려앉는 것을 막아주며 일정한 감정상태를 유지하는 데 큰 역할을 하고 있습니다. 그래서 그 연못의 물 때문에 크게 화난 일이 있었더라도 어느 정도의 시간이 흐르면 가라앉게 됩니다. 또한 엄청나게 실망스러운 일을 당하였다가도 세월이 흐르게 되면 다시 일상으로 돌아오게 됩니다.

그러나 만일 너무나 지속적이요 반복적으로 화를 내거나 분노를 참지 못하게 되면 우리들 마음속에 있는 감정이라는 연못의 물이 마르기 시작합니다. 그 결과, 분노를 폭발하는 사람도 있을 것이나 분노를 마음에 담아두는 사람도 있습니다. 후자의 상황은 더 위험한 상황입니다. 그리고 그 분노로 인하여 자신에게 주어진 원치 아니한 현실을 처리할 수 없어 당황하다가 결국 그 연못의 물은 다 마르게 됩니다. 그로 인하여 자신의 감정을 적절히 지켜 줄 안전장치가 없어지게 됩니다.

그 결과 그 때부터는 아주 작은 분노도 그의 성품과 언어, 그리고 삶을 철저하게 지배하게 됩니다. 한 때의 다윗, 요나, 베드로, 가룟유다가 그랬습니다. 그래서 자신 혹은 타인 심지어 하나님을 향한 분노와 증오의 마음을 풀지 못하였습니다. 그 결과 삶을 자포자기하는 언행을 서슴지 않는 우울증세에 빠져들어가고 맙니다. 그러므로 사도 바울은 디모데후서에서 그런 사람들의 증세에 대하여 이렇게 예언을 하셨습니다. "너는 이것을 알라 말세에 고통하는 때가 이르러… 거룩하지 아니하며 무정하며 원통함을 풀지 아니하며…"(딤후 3:1,3). 바로 그것이 우울증의 내부적인 현상인 것입니다.

그 결과 쉽게 자기 자신에게, 혹은 만나는 사람에게 이런 말을 던지게 됩니다. "이놈의 세상, 살아갈 가치가 없는 곳이야!", "이 친구야, 잘 가게나. 아마도 다시는 날 볼 수 없을 것이야!", "저 많은 사람들 중에 누가 내 장례식에 참석해 줄 것인가?", "저 사람은 아마도 내가 없어진다면 더 좋아할 걸?", "오늘 밤 이렇게 잠을 잔 후, 아침에는 일어나지 않았으면 좋겠다…", "그 자살 사이트에 들어가 보면 자살하는 방법을 도와주는 사람과 글이 있다던데 그럼 한 번……."

2. 예배를 통하여 치료받아야 합니다.

성도에게 예배란 하나님과 만나는 시간입니다. 그분과 교제하는 시간입니다. 예배 전체가 그러하나 특히 찬양, 헌금, 기도로 하나님을 찾아갑니다. 그러면 하나님께서는 기원, 설교, 축도를 통하여 찾아오셔서 우리와 교통, 교제해 주시는 시간이 바로 예배시간입니다. 그러므로 예배시간에 찾아오시는 하나님 앞에 솔직해져야 합니다.

예배시간에 찾아오시는 하나님 앞에 자신을 솔직히 보여드려야 합니다. 숨기지 말아야 합니다. 특히 자신을 분노하게 만들며 낙담하게 만드는 사람, 환경 혹은 악한 영에서 해방되기를 사모해야 합니다. 동시에 분노보다 이해하며 사랑하면서 살아도 너무나 짧은 인생인 것을 깨닫게 되기를 사모해야 합니다. '예배를 통하여 하나님께서 이 많은 사람들 중에 특별히 자신에게 찾아오셔서 어루만져 줄 것이다. 회복시켜 주실 것이다. 치료하여 주실 것이다. 변화시켜 주실 것이다. 하나님은 나를 향하여 못 이루실 일이 없을 것이다.'라는 믿음으로 나가야 할 것입니다.

그러므로 사람의 삶을 송두리째 불살라버리는 우울증은 결국 예배를 통하여 성령 하나님이 고치실 분야입니다. 즉 우울증세는 예배를 통하여 성령님께서 치료하실 사역입니다. 우리 하나님의 자녀들에게는 말입니다. 그래서 예수님께서는 예배하는 자는 영과 진리로 예배해야 한다고 말씀하셨습니다(요 4:24). 신령은 성령이요, 진정은 말씀을 의미하는 것입니다. 그러므로 성령과 말씀 안에서 예배를 드리다가 우울증은 치료될 수 있습니다.

그러므로 예배 중 찬양을 부를 때, 기도를 할 때 성령님께서 역사하시고 자신의 마음과 육신, 그리고 삶을 치료해 주실 줄로 믿는 믿음으로 행하여야 합니다. 참된 성도는 자신에게 문제가 있음을 알고 있음과 동시에 기도의 응답이 있음을 알고 있는 분이십니다. 빌립보 감옥의 바울과 실라가 한 밤중에 말씀을 중심으로 기도하고, 말씀을 중심으로 찬송할 때 옥문이 열린 역사와 발의 착고가 풀리게 되는 기적(행 16:19~34)을 자신도 체험할 줄로 믿는 믿음으로 간절히 기도하시기 원합니다. 소망을 품고 찬송하시기 원합니다. 특히 설교말씀 속에서 우울증에서 해방될 수 있는 인생의 새로운 교훈과 능력을 주시는 하나님의 음성을 개인적으로 사모하시기 원합니다.

그리하면 성령 하나님께서 드리는 예배를 통하여 자신을 변화시키며 다시 살아가야 할 소망과 이유를 주실 것입니다. 기뻐하고 감사하게 될 것입니다. 예배당에 들어올 때와 나갈 때가 다른 자신을 경험하게 될 것입니다.

물론 나를 우울증과 고통의 구렁텅이로 빠지게 하는 그 상황은 변하지 않았으나, 내가 변한 것을 체험하게 될 것입니다. 그리고 내가 변하니 주변 사람과 상황도 변하여 가는 것을 체험하는 원동력은 바로 예배의 감격에 잠길 때 얻을 수 있을 것입니다.

왜냐하면 예배를 인도하는 분은 목회자가 아니라, 성령님이시기 때문입니다. 성령님은 어디에서나 역사하십니다. 그러나 특히 예배시간에 우선적으로, 그리고 강하게 역사하십니다. 우리 가운데 찾아오십니다. 우리 마음을 만지고 지나가십니다. 정말 옛날이야기, 혹은 그저 좋은 이야기 같았던 설교말씀이 자신을 향한 개인적인 하나님의 음성으로 믿어지게 하시는 역사도 성령님의 역사입니다.

특히 성령님께서는 주인에게 사랑받는 애완견보다도 가치가 없어 보였던 자신이었는데 이제는 하나님이 쓰시기를 원하는 귀한 도구임을 깨닫게 하십니다. 왜냐하면 예수님은 정말 가치가 없어 보이는 한 귀신들린 사람을 구하기 위해 돼지 2,000마리를 죽이시는 분이시기 때문입니다. 우리들은 최소한 돼지 2,000마리보다 더 가치가 있습니다. 또한 우리들을 향하여 천하보다 귀한 인생이라고 말씀하시고 계시는 예수님이시기 때문입니다. 원래 물물교환은 피차 가치가 있어야 가능한데 하나님께서 예수님을 죽이시면서 까지 우리 한 사람, 한 사람에게 구원과 영생의 축복을 주신 것은 우리들의 가치를 주님만큼 여기신 증거가 아니겠습니까?

또한 도저히 그 사람, 혹은 그 일만은 눈에 흙이 들어가기 전까지는 용서하거나, 이해할 수 없을 것이라고 단언하던 내가 성령의 도우심으로 십자가의 주님을 바라보면서 그 사람을 이해하기로 작정합니다. 그 일을 용서하기를 작정합니다. 용서하지 않고 사는 것은 용서하고 사는 것 보다 더 힘들고 고달프다는 것을 이제는 깨닫고 '그럴 수도 있지!' 라고 생각합니다. 이런 것들이 바로 성령께서 역사하시는 증거입니다. 성령께서 그 사람을 만지고 지나가신 증거입니다.

설교를 들은 후에 늘 부르던 찬송이었는데 오늘 따라 회개와 감사, 결단의 눈물이 내 눈에서 흘러내리지만 결코 부끄럽지 않습니다. 축도를 받고 예배당을 나올 때 하늘은 들어갈 때와 같은 하늘인데, 승용차도 같은 승용차인데 내 자신이 변하였습니다. 삶의 자신감이 생깁니다. 다시 할 수 있을 것 같습니다. 성령님의 역사입니다. 마치 어느 한 여름, 해변에서 작열하던 태양이 물러가고 힘차게 내리는 소낙비를 피하지 않고 흠뻑 맞듯 자신을 향한 성령님의 역사를 자연스럽게 영접하시기를 바랍니다.

시편 134편은 다윗이 지은 '성전에 올라가는 노래'입니다. 이 말씀에 아멘으로 화답하십시오. "밤에 여호와의 성전에 서 있는 여호와의 모든 종들아 여호와를 송축하라 성소를 향하여 너희 손을 들고 여호와를 송축하라 천지를 지으신 여호와께서 시온에서 네게 복을 주실지어다"(시 134:1~3).

시험의 선물인 인내와 지혜

하나님과 주 예수 그리스도의 종 야고보는 흩어져 있는 열두 지파에게 문안하노라 내 형제들아 너희가 여러 가지 시험을 만나거든 온전히 기쁘게 여기라 이는 너희 믿음의 시련이 인내를 만들어 내는 줄 너희가 앎이라 인내를 온전히 이루라 이는 너희로 온전하고 구비하여 조금도 부족함이 없게 하려 함이라 너희 중에 누구든지 지혜가 부족하거든 모든 사람에게 후히 주시고 꾸짖지 아니하시는 하나님께 구하라 그리하면 주시리라 오직 믿음으로 구하고 조금도 의심하지 말라 의심하는 자는 마치 바람에 밀려 요동하는 바다 물결 같으니 이런 사람은 무엇이든지 주께 얻기를 생각하지 말라 두 마음을 품어 모든 일에 정함이 없는 자로다
(야고보서 1:1~8)

"문안하노라!"

성령의 감동을 받아 기록한 야고보서의 기자 야고보 장로님께서는 여러 지역에 흩어져 있는 유대인 교인들을 향하여 문안하는 말씀으로 서신의 서두를 열고 있습니다. "문안하노라"라는 말은 헬라어 인사말로 '안녕하세요', '반갑습니다', '환영합니다'와 같은 의미를 가지고 있습니다. 또한 사도 바울도 야고보 장로님과 똑같이 모든 서신에서 자신의 서신을 받으시는 분들에게 "은혜와 평강"이 있기를 기원하는 인사말을 잊지 않으셨습니다.

우리 기독교인들은 말의 능력을 인정하는 분들입니다. 물론 믿지 않는 분들도 자신에게 해가 되는 점괘 내용을 점쟁이가 알려 주면 늘 그의 말에 직, 간접적으로 영향 받는 것을 부인할 수 없습니다. 그러므로 성경 속에 믿음의 선진들처럼 만나는 이들에

게 은혜와 평강을 비는 문안을 할 수 있는 은사를 사모하는 성도들이 되어야 할 것입니다. 우리의 나머지 삶의 시간은 복만 빌면서 살아가더라도 짧은 여생이 아닐까요?

특히 이 곳은 살아 계신 하나님의 교회요, 진리의 기둥과 터가 되는 곳입니다(딤전 3:15). 그러므로 더욱 더 만나는 교인들, 혹은 같은 교회지붕 아래에 있는 믿음의 동지들을 향하여 은혜와 평강을 비는 말을 해야 할 것입니다.

반면 다음과 같은 말들은 피차간에 덕과 복이 되지 않을 것입니다. 특히 그런 말씀을 하는 본인과 가족에게 결국에는 유익이 되지 않을 것입니다. "그 분 초등학교도 못나온 사람이잖아. 교회에서 출세했지!" "그 사람 돈 자랑하려고 그렇게 많은 헌금을 하는 거야. 그 성도 돈 말고 가진 것이 뭣이 있어?" "못 생긴 주제에 옷은 비싼 것 입었네. 옷으로 얼굴이 커버되나?" "새벽기도도 나오지 않는 주제에…." "자기 남편이나 구원시키라고 해. 자기 집도 구원시키지 못하면서 무슨 전도대원으로…." "아니, 가까운 교회를 놔두고 왜 그리 먼 곳에서 이 교회를 출석한대?" "실은 그 사람 남편(아내, 부모, 자식) 말이야…. 이건 비밀이야. 다른 사람에게 말하지 말아야 해!" 그런데 몇 주일이 지나면 알만한 사람들은 다 알게 되지 않는가요?

반면 생각만 해도 기분이 좋은 교인이 있습니다. 그 분은 내가 내 자신을 보더라도 신앙과 삶의 부족함이 많은데도, 나를 만나기만 하면 좋은 것 한 가지를 꼭 집어내어 칭찬해 주는 분이십니다. 그 칭찬이 때로는 그저 입버릇처럼 하는 말씀인 줄 알면서도, 또한 내가 그런 칭찬과 격려와 복을 비는 말을 들을 정도의 삶을 살지 못하는 것을 알면서도 왠지 기분이 좋습니다. 이러한 자신의 신앙과 삶의 옷깃을 다시 한 번 여미는 계기를 주는 분들이 우리들 주위에 많았으면 합니다. 그래서 교회에 들어오는 분들은 전체 분위기 속에서 진한 사랑과 격려, 그리고 이해의 향기를 느낄 수 있도록 해야 합니다. 그래서 자신의 교회를 좋은 소문 듣고 왔다가 소문내러 가는 작은 낙원과 같은 교회로 만들어 가시는 주인공들이 되어야 합니다.

시험에 대한 바른 자세

"너희가 여러 가지 시험을 만나거든 온전히 기쁘게 여기라." 이 말씀을 쉽게 이해하여 자신의 삶에 적용할 만한 분은 그리 많지 않을 듯합니다. 때로는 상경한 시골 아저씨에게 바싹 약을 올리는 이런 버스기사와 같기도 합니다. 시골에서 서울로 갓 상경한 아저씨가 가야 할 곳을 대강 짐작을 하고 시내버스를 타며 "이 버스 어디로 가시는지요?"라고 물었습니다. 그러자 기사께서 답하시는 말씀, "예, 앞으로 갑니다." 여전히 제대로 버스를 탔는지 궁금했던 시골 아저씨는 "여기가 어딘가요?"라고 물어보았습니다. 그러자 기사께서 답하시는 말씀, "예, 버스 안입니다!!" 아무리 시골 사람이라고 해도 너무 홀대한다고 생각한 아저씨는 좀 화난 목소리로 "지금 장난하시는 겁니까?"라고 말하였습니다. 그러자 이 버스기사가 답하시는 말씀, "아닙니다. 운전하는 중입니다."

여러 가지 어려운 일 때문에 사는 것이 힘들어 죽겠는데 본문 성경이 위로는 못할 망정 약을 바짝 올린다고 생각하지 않았으면 합니다. 왜냐하면 지금 당하고 있는 시험을 기쁘게 여길만한 이유를 성경이 말씀해 주고 있기 때문입니다. 즉 고통에도 뜻이 있다는 것입니다. 전화위복의 은총이 예비되어 있다는 것입니다. 더 이상 실망하지만 말고 좀 멀리보라는 것입니다.

1. 믿음의 시련은 인내의 신앙을 만들어 줍니다.
시험의 유익을 아시는 분은 시험을 억지가 아니라 기쁘게 넘길 수 있습니다. 만일 성도님들이 혹 지금 당하고 있는 시험을 통하여 하나님과 사람들 앞에서 쉽게 포기하거나, 반대로 급히 분노하는 성품을 바꾸게 된다고 생각해 보십시오. 그래서 앞으로는 웬만한 어려움에도 끄떡없는 믿음과 동시에 예전이라면 벌써 큰소리를 치며 자리를 박차고 나갔을 것인데 이제는 "그럴 수도 있지!" 혹은 "뭐 이게 죽고 살 일인가? 하나님이 알아서 해결해 주실 것인데…."라고 할 수 있다고 생각해 보십시오.

특히 교회와 사회, 특히 가정 범백사에 하나님께서 에벤에셀로 함께 하셨고, 임마누엘로 동행하시며, 여호와 이레로 앞서 가실

것이기 때문에 그저 주님께서 어떻게 역사하실 것인가를 기도하
며 기다릴 줄 아는 신앙으로 이끄는 원동력이 바로 시험인 줄로
믿어야 합니다.

그래서 "사람이 감당할 시험 밖에는 너희에게 당한 것이 없나
니 오직 하나님은 미쁘사 너희가 감당치 못할 시험 당함을 허락
지 아니하시고 시험 당할 즈음에 또한 피할 길을 내사 너희로 능
히 감당하게 하시느니라"(고전 10:13)는 언약에 진심으로 고개를
끄덕이게 될 수 있는 복된 원인이 바로 시험인 것입니다. 그러므
로 시험을 당하거든 불평만 하지 말고 잠시 고개를 들고 하나님
을 바라 본 후, 기쁘게 여기라는 것입니다. 유익과 은총, 그리고
더 좋은 것이 준비되어 있기 때문입니다.

어느 목사님의 고백입니다. "28년 전 폐병의 홍수가 내게 밀
러왔던 것이 지금 돌이켜 보면 얼마나 큰 축복이었는지 모르겠
습니다. 그 때 폐병으로 인하여 피를 토하는 고통과 괴로움을 겪
으면서 '만일 이 세상에 하나님이 계시다면 나를 이렇게 할 수
있느냐?' 불평하였습니다. 그로 인하여 절망과 죽음의 그림자가
나를 엄습하였지만, 돌이켜 보면 하나님께서는 그 폐병의 홍수
를 수레 삼아 나의 삶 속에 찾아오셨음을 고백하지 않을 수 없습
니다. 나는 그 폐병 때문에 하나님께 나오게 되었습니다. 예수님
을 구주로 영접하게 되었고, 천국백성이 되는 영생의 축복을 받
았습니다. 그리고 폐병으로 인하여 인내의 신앙을 소유하며 그

어려운 신학공부를 마치고 목사가 되었습니다. 저에게 폐병이라는 시험거리는 행복의 변장이었습니다!"

그렇습니다. "네가 나의 인내의 말씀을 지켰은즉 내가 또한 너를 지켜 시험의 때를 면하게 하리니 이는 장차 온 세상에 임하여 땅에 거하는 자들을 시험할 때라"(계 3:10). 지금 당하고 있는 시험을 통하여 하나님 중심, 교회 중심, 성경 중심의 신앙으로 전진하고 성화되어야 합니다. 그리고 이제는 웬만한 유혹에는 끄떡하지 않고 인내로 하나님 자녀의 길을 묵묵히 걸어가는 작은 예수들이 되어야 합니다. 마치 온갖 유혹과 핍박 속에서도 인내로 인류구원의 사역을 완성하셨던 우리 예수님처럼 말입니다. 지금 자신의 시험이 어디까지 이르렀든지 인내를 온전히 이루시는 자세를 포기하지 말아야 합니다. 그리하면 신앙인으로서 온전하고 구비하여 하나님은 내편이시라고 외칠 수 있는 축복이 임할 것입니다.

2. 시험은 하나님께서 주시는 지혜를 얻게 되는 통로입니다.

"너희 중에 누구든지 지혜가 부족하거든 모든 사람에게 후히 주시고 꾸짖지 아니하시는 하나님께 구하라 그리하면 주시리라 오직 믿음으로 구하고 조금도 의심하지 말라". 시험거리를 인내로 잘 견디면 인내의 신앙인으로 거듭나게 됩니다. 그리고 두 번째 시험의 유익은 그것을 통하여 귀중한 지혜를 얻게 되는 것입니다. 특히 시험 중 기도생활을 통하여 얻는 지혜는 만복의 근원의 지혜가 된다는 것입니다. 그러므로 자신이 지금 어떤 처지에 놓였든지 기도 쉬는 죄를 범치 말아야 합니다.

시험거리를 이겨보려고 이리 저리 너무나 바쁘게 움직이던 삶을 잠시 멈추고 하나님 앞에 무릎을 꿇는 것이 모든 문제를 해결할 지혜를 소유하는 지름길입니다. 동시에 사탄은 우리들이 많은 것을 시도하되 기도만은 하지 않으면 된다고 유혹하며 속삭이고 있음을 분명히 알아야 합니다.

죤 웨슬리(J.Wesley)의 어머님 수잔나 웨슬리(Susanna Wesley)는 자녀를 무려 17명이나 두었었다고 합니다. 그의 집이 얼마나 정신 없었을지 자녀를 양육해 본 분은 넉넉히 이해할 것입니다. 특히 비가 오거나 눈이 올 경우, 혹은 아이들이 학교 갔다 올 시간과 방학 때에는 얼마나 정신이 없었겠습니까? 마음의 평온은커녕, 하나님 앞에서 기도할 시간과 장소를 갖는다는 것은 사치스러운 생각이었을 현실이었습니다. 그로 인하여 신앙과 마음의 생각과 판단이 흐려지고 영성이 없어지던 그 어느 날 수잔나 웨슬리는 단호한 결정을 내리고 17명의 자녀들을 모았습니다. 그리고 "이제부터 엄마가 부엌에 앉아 앞치마로 얼굴을 가리고 있는 모습을 보거든 하나님께 기도하는 중인 줄 알고 방해하지 않도록 해야 한다. 알았니?"라고 당부하였습니다. 그리고 그 기도는 남편과 자녀들을 향하여 불평과 원망을 할 수밖에 없는 가정적인 시험거리를 물리칠 수 있는 방편이 되었습니다. 그리고 그 기도를 통하여 얻은 지혜로 자녀들을 양육하였습니다. 그 결과 감리교의 창시자 죤 웨슬리를 만들어 내는 복된 어머니가 된 것입니다.

여러분에게는 일정한 기도시간과 장소가 있는지요? 기도하면 좋다는 생각은 있으나 실제로 기도할 줄은 모르면서 그저 바쁘게 움직이고 계시지는 않는지요? 그래서 하나님으로부터 오는 지혜와 은혜로 지금의 현실을 이겨낼 수 있는 황금문을 통과하지 못하고 계시지는 않는지요? 기도하면 됩니다. 기도하면 지혜를 얻습니다. 기도하면 피할 길이 보입니다. 기도하면 역사가 일어납니다. 기도하면 하나님이 자신보다 앞서가심을 체험하게 될 것입니다. 기도는 만능의 열쇠, 마스터키임을 신앙 고백하는 은총이 계시기를 원합니다.

특히 기도하되 '후히 주시는 하나님'을 믿고 기도하셔야 합니다. 결코 어떤 특별한 조건을 붙이지 않으시고 구하면 역사하시고 지혜를 주시는 하나님이심을 믿고 기도해야 합니다. 동시에 "꾸짖지 아니하시는 하나님"이심을 믿고 기도해야 합니다. 즉 기도하는 우리들의 기도내용과 인격을 꾸짖지 아니하시고 어떠한 방법과 도구를 동원해서라도 결국 지혜와 응답을 주시는 하나님이심을 믿고 기도해야 합니다.

"하나님 한 번도 나를 실망시킨 적 없으시고 언제나 공평과 은혜로 나를 이끄시네 오 신실하신 주 오 신실하신 주 내 너를 버리지도 않으리라 내 너를 떠나지도 않으리라 약속하셨던 주님 그 약속을 지키사 이후로도 영원토록 지키시라 확신하네.”

그렇습니다. 성도로서 시험거리와 위기상황에 처하게 될 때 긴급조치 1호는 하나님께 철저히, 그리고 무조건 맡기는 하는 것입니다. “이 일은 하나님이 직접 처리해 주셔야 할 문제입니다. 아시지요?” 그리고 그 단계가 지난 후에 오는 것이 바로 기도인 것입니다. 그리고 기도 중에 하나님께 몇 가지 질문을 드릴 수 있을 것입니다. 첫째 “하나님이시라면 이 순간 어떻게 하시겠습니까?” 둘째 “하나님, 이 문제를 위하여 제가 무엇을 해야 합니까?” 셋째 “하나님, 저는 지금 제 눈에 보이는 것만 보고 있습니다. 모든 것을 아시는 하나님께서 제가 알지 못하고 보지 못하는 현실까지 넉넉히 피하며 이길 수 있는 지혜를 허락하여 주소서!”

홍해를 갈라지게 하시던 하나님, 만나와 메추라기를 먹이시던 하나님, 38년된 병자를 고치시던 하나님, 폭풍우가 대작하던 바다를 잠잠케 하시던 하나님, 수많은 대적들 앞에서 담대히 하나님의 말씀을 선포케 하시던 하나님이 주시는 지혜와 피할 길과 회복을 체험하게 될 것입니다. 그로 인하여 여호와 하나님은 내 편이라고 간증하는 삶, 하나님은 나의 도피성이심을 소리 높여 증거하게 될 것입니다.

　그렇지 아니하고 의심하면서 기도하는 교인은 마치 바람에 밀려 요동하는 바다 물결과 같으니 그런 교인은 무엇이든지 주께 얻기를 생각하지 말아야 할 것을 권면하고 있습니다. 왜냐하면 두 마음을 품어 모든 일에 정함이 없는 교인이기 때문이라고 야고보 사도는 말씀하고 계시기 때문입니다. 이 말씀이 또 하나의 삶의 귀한 이정표가 되시기를 바랍니다.

666(사탄)의 실체를 바로 알아야 합니다

내가 보매 또 다른 짐승이 땅에서 올라오니 어린 양 같이 두 뿔이 있고 용처럼 말을 하더라 그가 먼저 나온 짐승의 모든 권세를 그 앞에서 행하고 땅과 땅에 사는 자들을 처음 짐승에게 경배하게 하니 곧 죽게 되었던 상처가 나은 자니라 큰 이적을 행하되 심지어 사람들 앞에서 불이 하늘로부터 땅에 내려오게 하고 짐승 앞에서 받은 바 이적을 행함으로 땅에 거하는 자들을 미혹하며 땅에 거하는 자들에게 이르기를 칼에 상하였다가 살아난 짐승을 위하여 우상을 만들라 하더라 그가 권세를 받아 그 짐승의 우상에게 생기를 주어 그 짐승의 우상으로 말하게 하고 또 짐승의 우상에게 경배하지 아니하는 자는 몇이든지 다 죽이게 하더라 그가 모든 자 곧 작은 자나 큰 자나 부자나 가난한 자나 자유인이나 종들에게 그 오른손에나 이마에 표를 받게 하고 누구든지 이 표를 가진 자 외에는 매매를 못하게 하니 이 표는 곧 짐승의 이름이나 그 이름의 수라 지혜가 여기 있으니 총명한 자는 그 짐승의 수를 세어 보라 그것은 사람의 수니 그의 수는 육백육십육이니라
(요한계시록 13:11~18)

666명이 673명으로 증원되었던 사실을 아시는지요?

지난 2003년 즈음, 공병 및 의료지원 부대의 이라크 전쟁 파병안이 국회를 통과하여 한시름 놓았던 국방부가 뜻하지 않은 논란으로 한바탕 곤욕을 치렀습니다. 논란은 파병인원이 신약성경 요한계시록 13장 18절에 언급되어 있는 666과 공교롭게 일치한 것이 발단이 되었습니다. "지혜가 여기 있으니 총명 있는 자는 그 짐승의 수를 세어보라. 그 수는 사람의 수니 육백육십육이니라"라는 말씀 때문이었습니다.

국방부는 파병동의안이 국회에서 가결된 직후 파병부대 편성안을 공개하였습니다. 그런데 그 총 파병인원이 기독교계에서

요한계시록에 근거하여 소위 '악마의 숫자'라고 일컫는 666명이 되었습니다. 그래서 '별님'이란 필명의 한 네티즌은 2003년 4월 3일 국방부 홈페이지 게시판에 올린 글을 통하여 "요한계시록에서 종말 때 나타나는 악의 우두머리 숫자가 666"이라고 지적한 뒤 "왜 하필이면 666명으로 정하였는지 이해가 되지 않는다"며 파병인원 재조정을 촉구하였습니다.

다른 네티즌도 "666은 서양에서는 거의 금기시 하는 숫자"라며 "이라크 전쟁이 종교전쟁이라는 지적도 있는 만큼 사소한 문제라도 신경 써야 할 것"이라고 권고하였습니다. 이런 파병인원 수를 둘러싼 논란이 증폭되자, 국방부는 파병 예정지가 물이 부족한 지역인 점을 감안하여 샘을 파는 기술을 가진 병사 7명을 공병부대에 추가하기로 했다고 발표하게 되었습니다. 이로써 전체 전쟁파병 인원은 666명에서 673명으로 늘어 '악마의 숫자' 논란은 종지부를 찍게 되었습니다.

그러면 왜 사람들은 666이라는 숫자에 대하여 그렇게 민감한 반응을 보입니까? 왜 부정적인 반응입니까? 할 수 있거든 피할 수 있으면 피하고 싶은 숫자가 왜 666입니까? 그 이유는 6이라는 숫자는 모든 거짓 종교, 즉 적그리스도의 권세를 상징하는 것이기 때문입니다(M. Wilcock). 그런데 본문에 기록된 이 짐승으로 비유된 적그리스도의 수는 단순히 6이 아닙니다. 66도 아닙니다. 666입니다. 이는 완전수인 7에서 1이 모자란 불완전한 수

6을 3개나 포개놓은 것으로 완전하신 하나님을 향한 마귀의 모방, 현혹함, 공격 및 저주를 의미하고 있습니다.

666에 대한 잘못된 해석들이 있습니다.

결국 666은 하나님의 완전함을 상징하는 777에 반대되는 숫자입니다. 그러므로 이 666이란 숫자는 하나님의 완전한 의와 주권에 도전하는 모든 악의 세력을 의미하는 것입니다. 그래서 신불신을 막론하고 그 숫자를 그렇게 싫어하는 것 같습니다. 그러면 이 말세지말에 666으로 상징되는 악의 큰 세력은 과연 무엇이겠습니까? 혹자는 컴퓨터가 666이라고 말하고 있습니다. 앞으로는 모든 컴퓨터가 인간을 조절한다는 것입니다. 그리고 인간의 몸 안에 컴퓨터 칩이 들어가 악마의 뜻과 목적에 순종하지 않는 인간은 즉시 발견하여 처리해 버린다는 것입니다. 그러면 문제가 생깁니다. 컴퓨터 산업에 관련되어 일하고 있는 모든 분들은 다 마귀의 부하 혹은 하수인이 되었다는 말입니까? 그럴 수 없는 해석입니다.

또한 혹자는 물건을 살 때 카운터에서 찍는 물품에 표시된 바코드가 바로 666이요, 사탄의 큰 세력이라고 말들을 합니다. 그러면 그런 바코드가 찍혀 있는 물품들을 구입하는 분들은 모두 사탄의 동조자란 말입니까? 또한 목사님들이 저술하여 책을 만들어 낸 후, 그 서적을 판매할 때 바코드를 선용하는데 그러면 목사님들도 사탄, 마귀의 동역자란 말입니까? 아닙니다. 그럴 수 없습니다.

혹자는 그 숫자에 담겨진 의미를 도에 지나치게 해석하는 잘못을 범하고 있습니다. 그래서 마귀의 숫자인 6이 있는 곳은 가지를 않습니다. 아파트를 구입할 때도 6동을 원하지 않습니다. 또한 시내버스를 탑승할 때에도 775번 버스가 오면 타더라도, 666번의 버스가 오면 좀 돌아가더라도 결코 타지 않습니다. 그렇다면 초등학교의 6학년 6반 6번 학생은 마귀의 졸개라는 말입니까? 각 학교들이 사탄의 부하들을 한 명씩 양육하고 있다는 말입니까? 말도 되지 않습니다. 6이 아니라 완전수인 7층에서도 사람이 죽을 수 있으며, 777번 버스도 전복되어 큰 어려움을 겪을 수 있는 것입니다.

그러므로 혹 성도님들 주위에서 컴퓨터, 혹은 바코드를 마귀의 앞잡이요, 사탄적 세력의 주체라고 소리치는 사람들, 그리고 6자를 너무 강하게 거부하며 숫자개념에 집착하는 사람들과의 지나친 변론을 피하고 묵묵히 자신의 믿음을 잘 지켜 나가는 성결과 성별이 있어야 합니다. 그러면 666은 과연 무엇을 의미하는 것입니까? 666은 전지전능하신 하나님을 상징하는 777에 반대되는 숫자입니다. 그러므로 다시 말씀드리지만 이 숫자의 상징은 하나님의 절대주권에 도전하는 모든 악한 영의 세력을 의미하는 것입니다. 또한 성도들을 향하여 다시 불신앙과 타락의 길을 걷도록 하기 위해 갖은 방법을 다 동원하는 적그리스도인 사탄을 의미하는 것입니다.

　이들은 하나님의 권세와 권능에 도전하였다가 타락한 천사들입니다. 이 타락한 천사들의 우두머리를 사탄이라고 합니다(욥 1:6, 계 12:9). 그리고 그들의 다른 이름으로는 마귀(마 13:39), 어두움의 세상 주관자(엡 6:12), 우는 사자(벧전 5:8) 또한 미혹하는 자(계 20:10) 등이 있습니다. 그런데 666으로 상징되는 모든 악한 영들의 공격대상자는 결코 불신자들이 아닙니다. 바로 하나님의 자녀들인 우리 성도들입니다. 그러므로 자신을 향한 사탄의 미혹을 느끼며 경계할 줄 아는 성도가 영분별의 은사가 있는 분입니다. 그리고 그 악한 영의 역사를 이길 수 있는 방법을 아시는 분이 능력 있는 성도일 것입니다.

예수님 안에 사탄의 공격을 물리칠 수 있는 방법이 있습니다.
　예수님께서는 공생애를 시작하실 때 구원사명 완수가 너무 막중하였기에 40일간 금식기도를 하셨습니다. 그 때 마귀는 금식으로 연약해진 주님을 시험하였습니다. 이와 같이 그는 하나님의 아들 예수님도 시험하는 악한 영인데, 하물며 우리에게는 작은 틈만 있어도 공격해 올 것이 분명합니다. 현실입니다. 그러므로 자신이 의식하지 못하고 있거나 혹은 자신이 이미 사탄의 술책에 넘어간 것도 모르고 교회생활하는 우매한 신앙인은 되지 말아야 합니다. 영적감각이 예민하며 영적 분별력이 충만하여 악한 영의 역사를 물리칠 수 있는 은혜와 권능이 있어야 합니다.

그런데 예수님은 사탄의 공격을 받으셨으나 동시에 분명한 방어방법도 알고 계셨습니다. 예수님을 향한 사탄의 공격내용은 물질적인 시험(마 4:4), 신앙적인 시험(4:7), 그리고 세상 지향적인 시험(4:10)이었습니다. 이를 야고보서 기자는 육신의 정욕과 안목의 정욕, 그리고 이생의 자랑(요일 2:16)이라는 말씀으로 요약을 하였습니다. 여기서 육신의 정욕은 지나친 식욕, 성욕, 수면욕, 그리고 취미활동, 기호품 및 돈에 대한 침착일 것입니다. 또한 안목의 정욕은 지나친 부귀와 영화, 명예 및 외모, 의복, 체면치례입니다. 그리고 문화를 통하여도 역사하는데 도를 넘은 영화, 비디오, TV, 컴퓨터, 게임, 음악 및 음란물에 대한 집착 등입니다. 이런 것들을 통하여 하나님의 존재를 의심케 하거나 하나님 중심, 교회 중심, 성경 중심의 삶을 파괴시키며 결국 사명감을 상실케 하는 역사를 지금도 행하고 있습니다.

그리고 이생의 자랑은 도에 지나친 재물, 학식, 직위를 추구하게 하거나 도를 넘을 정도로 자식, 남편, 아내, 부모에게 집착하게 하여 그들이 이미 자신이 여생을 살아가는 이유요, 원인이 될 정도의 지경에 들어간 것은 결코 그 교인의 특별한 성품 때문이 아닙니다. 다만 악한 영의 역사입니다. 그래서 사탄은 우리들에게 결국 하나님의 존재를 의심케 합니다. 교회생활을 하찮게 여기게 합니다. 교회직분 및 봉사생활을 귀찮아하게 합니다. 입에 불평과 불만을, 그리고 교회와 교인, 심지어 목사와 장로들도 위선자로 보도록 합니다. 아니 그렇게 단정하도록 만듭니다. 그로 인하여 우리를 교회안의 불신자로 바꿔가게 만드는 역사가 바로 666으로 상징되는 악한 영, 사탄의 역사입니다.

예수님은 그런 사탄의 역사를 오직 성경말씀으로 물리치셨습니다. 우리들의 사탄의 역사를 향한 방어 및 재공격무기도 오직 주님의 말씀뿐입니다. 그리고 말씀이 육신이 되어 이 땅에 오신 예수님의 이름과 보혈의 권세뿐입니다. 악한 영의 역사가 느껴질수록 더욱 성경말씀을 읽고 듣는 데 게을리 하지 말아야 합니다. 동시에 말씀의 주인이신 예수님의 이름과 보혈의 권세를 의지하여 더욱 기도하며 찬양해야 합니다. 그리고 그 때 하나님이 주시는 능력을 거부하지 말고 악한 영이 자신에게 역사하고 있는 그 장소, 그 사람 및 그 상황에서 어서 속히 빠져나와야 합니다. 물론 아쉬울 것입니다. 통곡할 정도로 괴로울 수도 있습니다. 때로는 두려울 수도 있습니다. 삶 자체가 무너질 것 같은 위기감이 있을 수도 있습니다.

지금도 '네로 황제'가 살아있습니다.

성경은 이 세상에는 "새끼 양같이 두 뿔이 있고 용처럼 말하는 자"가 있다고 말씀하십니다. 이는 어린 양 예수 그리스도처럼 가장하여 믿는 사람들을 넘어뜨리려는 악한 영의 실체를 상징하는 말씀입니다(계14:1). 또한 "큰 이적을 행하되 심지어 사람들 앞에서 불이 하늘로부터 땅에 내려오게 한다"고 하였습니다. 이는 짐승 혹은 용으로 비유된 사탄도 이적을 행하여 많은 교인들을 미혹케 하여 자신을 섬기도록 할 것이라는 예언입니다(신 13:1~5, 마 7:22).

또한 "그가 모든 자 곧 작은 자나 큰 자나 부자나 가난한 자나 자유인이나 종들에게 그 오른손에나 이마에 표를 받게 하고 누구든지 이 표를 가진 자 외에는 매매를 못하게 하니 이 표는 곧 짐승의 이름이나 그 이름의 수라"고 예언하였습니다. 이는 사탄은 각종 우상을 숭배할 것을 강요할 뿐 아니라 짐승의 표를 받게 한다는 것입니다. 이 말씀 속에서 '표'에 해당하는 헬라어는 '카라그마'로서 뱀에 물린 상처, 주인이 소유권을 나타내기 위해 짐승이나 노예에게 찍는 낙인 및 황제의 날인 등을 가리킬 때 쓰는 단어입니다.

그런데 이 표를 가진 자 외에는 매매를 못하게 할 것이라는 말씀은 짐승의 표를 이마나 오른손에 받지 못한 기독교인들은 삶의 가장 기본적인 경제적인 활동조차 제재를 받을 것이며 또한 따돌림과 비방, 그리고 오해를 받으며 개인적인 기업 및 회사생활까지 타격을 받을 수 있음을 예언하는 내용인 것입니다(롬 15:26, 히 10:34).

이런 일과 사회적 현상이 초대교회에서 있었습니다. 즉 예수 믿는다는 것 때문에 엄청난 박해와 경제적인 손실을 감수해야 하는 때였습니다. 그 때 사도 요한은 3장 18절에서 성도들을 그렇게 괴롭히는 대상을 이렇게 표현하였습니다. "지혜가 여기 있으니 총명한 자는 그 짐승의 수를 세어 보라 그것은 사람의 수니 그의 수는 육배육십육이니라.” 계시록은 성도들이 믿음 때문에 생명의 위협을 받던, 그리고 실제로 순교할 수밖에 없던 때 기록한 성경입니다. 그러므로 계시록에 비유와 상징적인 단어가 나오는 것은 당연한 것입니다. 혹시 TV보다 라디오를 많이 들을 수밖에 없었던 지난 시절이 기억나실지 모르겠습니다. 그 시절 어느 라디오 채널을 돌렸더니 무미건조한 목소리의 남자 혹은 여자가 “13, 45, 87, 29....”라는 단어를 그저 불러대는 것이었습니다.

솔직히 우리들은 그 숫자의 뜻을 알지 못하였습니다. 그러나 간첩들은 그 숫자들이 암수표의 숫자라는 것을 알고 있었고 그 뜻을 넉넉히 풀이할 수 있었습니다. 예컨대 ‘정부 요인을 암살하라!’, ‘3명의 고등학생을 납치하여 북으로 보내라!’, ‘대학에 들어가 선동하여 데모를 주도하라!’ 등이었습니다. 마찬가지로 초대교회 박해 당시에도 자신의 신앙과 경제생활 및 생명을 위협하는 적그리스도의 이름을 직접적으로 언급한다면 언급한 자, 그 내용을 들은 자와 가족들이 십자가 및 참수형을 받을 수밖에 없었습니다.

그래서 지혜 있는 성도, 총명한 성도들은 사탄에게 이용당하는 자의 숫자를 꼼꼼히 세어보라고 말씀하고 있습니다. 특히 사탄의 졸개노릇을 하는 자는 사람인데 그 사람의 이름을 숫자로 계산해 보면 666이 된다는 것이었습니다. 그 사람이 바로 악명 높은 로마황제 '네로' 였던 것입니다. 즉 네로황제의 히브리어 이름은 네론 가이살(NRON KSR)이었습니다. 그리고 그 이름 자체가 내포하고 있는 히브리 숫자는 N=50, R=200, O=6, N=50, K=100, S=60, R=200이니 이 모든 숫자를 합치면 총계 666이 되었던 것입니다.

성경은 현대를 믿음으로 살아가는 성도들을 향한 영적거울입니다. 그러므로 요한계시록 시대처럼 지금도 네로황제는 살아있습니다. 옛 네로처럼 지금도 하나님과 교회, 그리고 성도들을 무조건 싫어하는 사람들이 있습니다. 그 곳이 가정, 동네, 학교, 직장, 사업장이든 내가 예수를 믿고 교회를 다닌다는 것에 대하여 이상한 알레르기 반응을 보이는 네로들이 있습니다. 그로 인하여 그 공동체 속에서 삶의 기본적인 것까지 위협을 받도록 교묘하게 역사하는 네로들이 있습니다. 그런 악한 영에 이용당하는 사람들로 인하여 이미 피해와 상처를 받은 모습으로 사는 분들도 적지 않을 것입니다.

그러나 성경은 말씀하고 있습니다. "근신하라 깨어라 너희 대적 마귀가 우는 사자 같이 두루 다니며 삼킬 자를 찾나니 너희는 믿음을 굳건하게 하여 그를 대적하라"(벧전5:8,9). 그러므로 "우리 주 예수 그리스도로 말미암아 우리에게 승리를 주시는 하나님께 감사하노니 그러므로 내 사랑하는 형제들아 견실하며 흔들리지 말고 항상 주의 일에 더욱 힘쓰는 자들이 되라 이는 너희

수고가 주 안에서 헛되지 않은 줄 앎이라”(고전15:57,58).

이제 더욱 더 예수님과 그 분의 말씀만 의지하여 승리해야 합니다. 666으로 상징된 사탄과 그에게 악용당하는 사람들은 예수님의 이름과 보혈을 제일 두려워합니다. 그러므로 주님만 의지하고 견고하여 흔들리지 말며 항상 주의 일에 더욱 힘써야 합니다. 666 사탄은 그런 철저한 신앙생활이 무서워 곁에서 슬슬 눈치보다가 물러가거나 무릎을 꿇게 되는 것을 조만간 보게 될 것입니다. 대장되신 예수 그리스도를 앞세운 주 안에서의 지금의 수고가 헛되지 않는 영혼과 육신의 삶이 되어야 하겠습니다.

장애인, 그에게서 하나님의 하시는 일을 발견하십시오!

예수께서 길을 가실 때에 날 때부터 맹인 된 사람을 보신지라 제자들이 물어 이르되 랍비여 이 사람이 맹인으로 난 것이 누구의 죄로 인함이니이까 자기니이까 그의 부모니이까 예수께서 대답하시되 이 사람이나 그 부모의 죄로 인한 것이 아니라 그에게서 하나님이 하시는 일을 나타내고자 하심이라
(요한복음 9:1~3)

'어떠한 개혁주의냐' 가 중요합니다.

우리는 개혁주의를 따릅니다. 물론 개혁주의는 성경에 기초한 신학이라고 말할 수 있습니다. 개혁주의는 종교개혁자 쯔빙글리와 요한 칼빈에게서 그 역사를 찾을 수 있습니다. 내용은 크게 두 가지입니다. 첫째는 하나님의 절대주권입니다. 둘째는 성경적인 세계관에 기초한 복음의 대 사회적인 책임과 적용을 중시하는 것입니다.

그러므로 우리 기독교인들은 인간들을 향한 하나님의 절대주권을 믿습니다. 즉 우리들의 영혼과 육신, 현세와 내세의 생사화복의 주관자는 오직 하나님뿐이십니다. 동시에 하나님을 교회 안에만 가두지 않는 것이 진정한 개혁주의입니다. 즉 하나님의 절대주권과 구원하심을 믿고 감사하는 분들이 점점 어두워가고 썩어가는 이 세상 속으로 들어

가서 빛과 소금의 역할을 감당하는 것이 개혁주의입니다. 아니 성경주의입니다. 성경으로 돌아가는 신앙생활입니다.

그러기에 개혁주의도 '어떠한 개혁주의냐?' 가 중요합니다. 즉 하나님의 손과 발을 교회 안에만 묶어 놓듯이 대 사회적인 사명을 소홀히 하는 개혁주의는 진정한 개혁주의가 아닙니다. 물론 교회는 그 교회를 유지하기 위한 기본적인 능력과 재정을 유지해야 합니다. 동시에 교회가 이 세속에 존재하고 있기 때문에 대 사회적인 책임을 행동으로 감당하는 것이 진정한 개혁주의인 것입니다.

이런 교회들이 많아질 때 이 사회는 경찰서와 교도소 10개를 건축하는 것보다 교회 하나가 건축되는 것이 우리에게 좋다는 인식의 변화가 있게 될 것입니다. 그러면 교회의 대 사회적 책임 감당은 어떻게 시작되어야 할 것일까요? 그러기 위해 어떤 문화가 필요합니까?

기독교 문화가 필요합니다.

문화를 정의한다면 사회집단의 생활양식인 것입니다. 과거에는 문화를 말하게 되면 예술, 공예, 전통 및 관습을 생각하였습니다. 그러나 최근에는 문화라면 영화, 가요, 연극, 텔레비전 및 유행과 패션을 떠올립니다. 즉 문화의 개념이 바뀌고 있다는 것입니다. 다른 말로 표현한다면 문화의 일상화가 최근의 문화개

념인 것입니다.

그래서 전에 들어 볼 수 없었던 군대문화, 목욕문화, 이발문화, 음식문화, 성문화, 심지어 화장실문화라는 단어를 쉽게 접할 수 있습니다. 그러므로 과거 봉산탈춤도 문화이고, 요즈음의 걸 그룹도 문화인 것입니다. 즉 문화란 소위 '전문 문화인' 뿐 아니라 누구나 창조하고 참여할 수 있는 것이 문화가 된 세상입니다.

그런 바탕 속에서 우리는 기독교 문화라는 말을 이해하며 이야기해 볼 필요가 있습니다. 아니 이야기해야 하며 고민해야 할 것입니다. 과연 기독교 문화가 이 사회 속에서 존재하고 있는가 하는 것입니다. 서구를 여행하다보면 우리는 그들의 삶 속 깊숙이 자리 잡고 있는 기독교 문화를 발견하게 됩니다. 즉 기독교적인 가치와 문화로 형성된 서구사회 각 분야에서는 특히 장애우들에 대한 자세가 호의적이며 긍정적이고 자연스럽다는 것을 느끼게 될 것입니다.

우리는 삼중고의 장애인이었던 헬렌 켈러를 위대한 인물로 이야기합니다. 그러나 실제로는 그녀를 키워내고 인정하며 마음껏 활동할 수 있도록 무대를 제공해 준 그 사회 속에 흐르고 있는 기독교 문화에 공을 돌려야 할 것입니다. 그런 문화의 공간이 없었다면 결코 헬렌 켈러는 탄생할 수 없었을 것입니다. 그러므로 한국에 서양의 헬렌 켈러와 같은 능력 있는 장애인이 없는 것이 아닙니다. 다만 장애우에 대한 편견과 차별로 인하여 만들어지지 않은 것 뿐입니다.

몇 해 전에 있었던 감동적인 일을 기억하고 있습니다. 프로야구 개막식 행사였습니다. 양발에 의족을 한 한국계 미국인 어린이 에덤 킹(Adam King)이 시구를 하던 장면이었습니다. 과거 우리 한국사회가 외면하였던 그 장애 어린이는 한 미국인 가정에 입양되어 정상인과 다름없이 밝게 자랐습니다. 그리고 자신을 장애인이라고 외면하고 냉대하였던 고국에 돌아와 귀한 행사에 초청되어 많은 한국 사람들에게 진한 감동과 교훈을 주었습니다.

에덤 킹이 잘 자라준 것을 부인하지는 않습니다. 그러나 그 장애 어린아이가 구김살 없이 성장할 수 있도록 공간을 마련해 준 미국의 기독교적인 사회와 문화를 배제한 에덤 킹은 상상할 수 없을 것입니다. 그러나 서구와 달리 우리들은 약 오천 년 동안 비기독교 문화권 속에서 성장하였습니다. 그리고 그 영향을 지대하게 받았습니다. 그래서 장애인들을 향한 편견과 차별의 골이 꽤 깊음을 부인할 수 없습니다. 우리나라 뿐 아니라 대부분의 동양권이 기독교 문화가 흐르고 있는 서양권에 비하여 대체로 그러함을 부인할 수 없을 것입니다.

왜냐하면 과거 우리나라 비기독교적인 종교에서는 금생에서의 불행이나 장애를 전생에서 행한 죄의 결과로 가르쳤기 때문입니다. 그래서 그런 선천적, 후천적으로 장애를 얻게 된 사람뿐 아니라 가족들까지도 부끄러움과 죄책감에 사로잡히게 하였습니다. 그래서 심지어 일부 교회를 다니는 분들도 장애를 가진 자녀들이 밖으로 나와 동네와 교회를 출입하여 그 사실이 알려지는 것을 싫어하였습니다. 동시에 사회도 그들을 애써 외면하고 때로는 경멸하였습니다.

바늘이 있는 곳에 실이 가듯이 이런 문화와 사회적인 흐름은 우리나라를 자연스럽게 자민족중심주의 사회로 만들고 말았습니다. 즉 장애인에 대한 편견과 차별이 있는 우리 사회는 타민족 집단과 외국 사람들에 대한 편견과 차별이 병행되는 사회가 되고 말았다는 것입니다. 그래서 우리나라 사회와 문화는 외국인 노동자들과 중국인들, 심지어 같은 동포인 조선족에게까지 편견과 차별을 갖는 자민족중심주의 사회 및 문화가 되고 말았습니다.

이는 마치 하나님의 뜻을 잘못 이해하였던 이스라엘 백성들과 비슷한 한국문화요, 사회인 것입니다. 성경을 보면 유대인들은 장애인들을 향한 편견과 차별을 당연하게 생각하며 여겼습니다. 왜냐하면 장애의 원인이 바로 그 사람 혹은 가족의 죄라고 단정하였기 때문입니다. 그런 의식은 전통적으로 내려온 그들 사회 속의 한 문화였던 것입니다. 그로 인하여 유대인들 마음과 사회 속에서는 장애인들이 겪는 아픔과 서러움, 고통과 가난은 당연한 결과라고 생각하였던 것입니다.

그 결과 유대인들은 전 세계에서 자민족중심주의가 가장 강한 민족이 되고 말았습니다. 그래서 타민족들 뿐 아니라, 심지어 자신들 조상들의 피가 꽤 흐르고 있는 사마리아 사람들까지도 마치 개처럼 취급하며 기피하였습니다. 정죄하고 때로는 저주를 하였습니다. 그러면 이런 장애인들을 향한 편견과 차별이 서구권에 비해 비교적 심한 우리나라 중심에 때가 차매 씨가 심기고 뿌리를 내리고 열매를 맺어야 할 기독교 문화는 과연 어떤 사람들을 통하여 만들어 질 수 있겠습니까?

예수님 정신을 자신의 삶 속에 계승하는 성도들이 필요합니다.

예수님의 정신은 무엇입니까? 예수님께서 어느 동네 길을 가고 계실 때였습니다. 그 때 선천성 시각장애인을 만나게 되었습니다. 물론 같이 가던 제자들도 그 장애인을 보게 되었습니다. 그리고 그 제자들도 유대인들이었기에 당연히 이런 질문을 주님께 드렸습니다. "랍비여, 이 사람이 시각장애인으로 태어난 것이 누구의 죄 때문이겠습니까? 자기의 죄 때문입니까? 아니면 그 부모의 죄 때문이겠습니까?" 이들의 질문이 어쩌면 일부 우리나라 사람들의 장애인을 향한 의식과 어찌 그리 같은지요? 신기할 정도입니다.

그 때 예수님께서 랍비 즉 선생으로 제자들에게 지혜의 말씀을 전해 주셨습니다. "이 시각장애인이나 그 부모가 죄를 범하여 장애가 생긴 것이 아니야. 다만 그에게서 하나님의 하시는 일을 나타내고자 함을 믿고 보아야 할 것이야!"라고 말입니다. 이 말씀을 통하여 주님께서는 약 2,000년 전 유대인들의 장애인을 향한 고정관념을, 그리고 지금은 우리 한민족과 일부 성도들에게 있는 장애인들을 향한 고정관념을 제거하기를 원하고 계시는 것입니다. 그 누구에게 있는 장애는 그 장애를 통하여 하나님이 사역하시는 귀한 수단이 될 수 있다는 것입니다. 즉 그가 비장애인이었다면 감히 상상할 수도 없는 그런 일을 맡기시고 큰 영광을 받으실 것이라는 말씀입니다.

주일날 우리 교회 시각장애인들이 침술과 마사지, 그리고 지압으로 우리 교회 교인들을 섬기는 모습을 보면서 하나님의 귀한 도구가 되고 있음을 발견합니다. 동시에 삼일특수교육센터에서 교육을 받고 있는 장애인들과 부모님들의 영육의 성장과 치유와 회복을 보면서 하나님이 영광을 받으심을 경험하고 있습니다. 물론 비장애인이었다면 더 귀한 하나님의 도구로서 그 분께 영광을 돌릴 수 있었을 것이라고 생각하는 것을 잘못되었다고 하고 싶지는 않습니다.

그러나 장애인 혹은 그 가족이 되었기에 이만큼의 하나님 중심, 교회 중심, 말씀 및 기도중심의 천금 같은 믿음을 가지게 되었다는 것도 부인하고 싶지 않습니다. 또한 어느 교인들보다 더 간절히 하나님을 찾고 구하며 그 분의 구원을 사모하게 되었다는 것도 부인하고 싶지 않습니다. 동시에 장애인, 혹은 그의 가족이기에 비장애인 교인들에게 경성과 교훈을 주면서 하나님께 영광을 돌리는 삶을 살게 된 것도 부인하고 싶지 않습니다.

제 찬양테이프 1집에서 8집까지의 작곡, 편곡 및 반주를 맡아 주시고 있는 후천성 시각장애인인 임임택 장로님이 다음과 같은 말씀하셨습니다. "목사님, 만일 제가 중도 실명을 하지 않았다면 과연 예수님을 만날 수 있었을까요? 그 분을 구주로 영접할 수 있었을까요? 이런 귀한 아내를 만날 수 있었을까요? 세상노래가 아니라 찬양사역자의 길을 걸어 갈 수 있었을까요? 교회의 귀한 직분인 장로로 임직을 받을 수 있었을까요? 분명 실명한 것은 하나님의 축복이었습니다. 저를 사용하시고 영광 받으시는 하나님을 찬양할 뿐입니다"

이제 성도들은 장애인과 그 가족들을 보면서 하나님께서 그들을 어떻게 사용하시며 그들을 통하여 얼마나 큰 영광을 받으시는가를 보면서 그들과 동역하고 함께가는 예수님의 정신을 계승해 나가야 합니다.

장애인은 하나님 나라의 당당한 백성입니다.

예수님은 이런 말씀을 하셨습니다. "만일 네 손이나 네 발이 너를 범죄하게 하거든 찍어 내버리라 장애인이나 다리 저는 자로 영생에 들어가는 것이 두 손과 두 발을 가지고 영원한 불에 던져지는 것보다 나으니라 만일 네 눈이 너를 범죄하게 하거든 빼어 내버리라 한 눈으로 영생에 들어가는 것이 두 눈을 가지고 지옥 불에 던져지는 것보다 나으니라”(마 18:8,9).

이 말씀의 뜻은 무엇입니까? 먼저는 영생의 나라, 내세에서 주님을 영접한 장애인들이 예수님을 모르는 정상인들보다 더 큰 복을 누리게 될 것이라는 것입니다. 동시에 장애인과 그들의 가족은 당당한 지상교회의 한 일원이라는 것입니다. 결코 움츠리거나 숨어 교회생활할 이유가 없음을 주님께서 선언하신 것입니다. 심지어 예수님께서는 당시 성전과 그 곳을 출입하는 교인들을 통하여 자신의 이익이나 챙기려는 사람들을 향하여 심히 노하시며 채찍으로 그들을 내어 쫓으신 후, 과연 누구를 성전에 들어오게 하셨습니까? 시각장애인들과 지체장애인들입니다. 그리고 그런 장애인들이 성전에 들어오는 것을 보시고 긍휼히 여기시며 대화하시며 고쳐 주셨습니다(마 21:12).

그러므로 우리들이 꼭 기억해야 할 하나님의 교훈이 있습니다. 그것은 성전 내의 장사꾼들을 내어 쫓으신 후 성전에 맨 처음 들어 온 사람들은 바로 장애인들이었습니다. 그리고 그들을 주님께서는 사랑으로 맞이하셨고 그들의 아픔을 어루만지시며 치료하셨습니다. 이것이 주님의 교회의 참 모습인 것입니다. 이제 더욱 당당하십시오. 장애인들을 먼저 사랑하시는 주님의 집에서 말입니다. 장애인 부모회를 가지시며, 서로 토론 및 기도회를 가져야 합니다. 강연회, 독서회, 실습 및 역할극, 심리극을 가지시며 사례 발표도 하는 것도 좋습니다.

장애인 자녀를 두신 김일권 목사님의 말씀입니다. "뇌성마비 딸을 양육하면서 한 가지를 분명히 체험하였습니다. 불편한 딸아이가 골목에서 동생과 놀고 있는데 다른 아이들이 기형아라면서 놀린다는 말을 들으면 맨발로 나가서 혼내기도 하였습니다. 그런 반면 우리 딸아이를 누군가 사랑으로 함께 돌아보아 주면 정말 나의 모든 것을 다 주고 싶었습니다."

장애인과 나그네를 멸시하고 차별하는 사람과 교회, 사회는 하나님 아버지가 섭섭해 하실 것입니다. 또한 그 정도가 심하면 하나님이 맨발로 달려와서 그 사람, 교회 및 나라를 혼내주실 것입니다. 그러나 그들을 사랑하는 흔적, 그들과 동행하는 발자국이 있으면 하나님 아버지께서 그 사람을 축복할 것입니다. 그런 교회를 이미 축복하셨습니다. 그리고 그러한 민족이 복을 받을 것입니다.

열등감을 떨쳐버리세요!

여호와여 어느 때까지니이까 나를 영원히 잊으시나이까 주의 얼굴을 나에게서
어느 때까지 숨기시겠나이까 나의 영혼이 번민하고 종일토록 마음에 근심하기
를 어느 때까지 하오며 내 원수가 나를 치며 자랑하기를 어느 때까지 하리이까
(시편 13:1~2)

여호와는 나의 목자시니 내게 부족함이 없으리로다 그가 나를 푸른 풀밭에 누
이시며 쉴 만한 물가로 인도하시는도다 내 영혼을 소생시키시고 자기 이름을
위하여 의의 길로 인도하시는도다 내가 사망의 음침한 골짜기로 다닐지라도 해
를 두려워하지 않을 것은 주께서 나와 함께 하심이라 주의 지팡이와 막대기가
나를 안위하시나이다
(시편 23:1~4)

열등감은 곧 비교의식

열등감이란 무엇일까요? 그것은 스스로 자기 자신은 열
등하다고 의식하는 것입니다. 특히 이런 의식은 비교의식
속에서 싹트고 열매 맺게 됩니다. 즉 자신과 다른 사람을 비
교하여 생각하고 말하며, 행동하는 의식입니다. 그로 인하
여 나는 저 사람보다 가지지 못한 것, 또는 부족한 것이 많
다는 감정을 떨쳐 버리지 못하는 것이 바로 열등감입니다.

이런 열등감이 문제인 것은 그 사람에게 우울증세, 자학
증세, 비애감, 그리고 미움과 증오 및 복수심 등의 악한 그
림자가 드리우게 되기 때문입니다. 그 결과, 육체적으로도
어려움이 생겨서 두통, 식욕부진, 그리고 위와 심장에 나쁜

증상이 나타나며 특히 밤에 잠을 잘 자지 못하는 불면증과 변비 등이 걸리게 됩니다. 물론 정신적으로도 늘 기분이 산뜻하지 못하며 다른 사람에게는 하찮은 일에 불과한 것을 가지고도 지나치게 근심하고 낙담하며 후회하고 결국 자기 자신을 향하여 지나치게 절망하게 됩니다.

그래서 자신을 진심으로 사랑하는 사람이 격려하는 말을 해 주어도 그것을 책망하는 말로 오해하며 도리어 공격적인 언사를 서슴지 않습니다. 그 즉시 후회하면서도 말입니다. 그 결과 그 사람 주위에 사람들이 점점 떠나게 됩니다. 그리고 떠나는 사람들을 향하여 다시 대책 없는 섭섭함과 분노를 터트리게 됩니다. 때로는 '나는 인간의 가죽을 뒤집어쓰고 있지만 인간으로서 가치가 없어. 구더기나 마찬가지지 뭐야!' 라며 쉽게 또 한 번의 자살을 생각하게 됩니다. 이런 열등감은 인생의 큰 장애물이요, 신앙생활을 극단적으로 저해하는 극약인데 혹 성도님에게는 이런 증세가 없으신지요? 혹 조금이라도 있다면 그 원인을 생각해 보셨는지요?

열등감의 원인들

1. 지나친 피해의식입니다.

어린 막내 요셉을 아버님 몰래 애굽의 종으로 팔아 넘겼던 형들에게는 지나친 피해의식이 잠재해 있었습니다. 물론 아버님의 자식 편애가 원인도 될 수 있으나, 많은 자식들 중에 특별대우 받는 것 같은 막내 요셉을 보면서 '그럴 수도 있지! 막내인데...'

라는 여유를 가지지 못하게 된 원인은 그들의 지나친 피해의식일 것입니다. 또한 막내가 아닌 형이요 또는 장손으로서 누리고 있으며 또 앞으로 누릴 좋은 것들을 예상하며 현실을 넘어가지 못한 그 원인도 역시 지나친 피해의식이었습니다(창37:1~11).

또한 형 가인이 동생인 아벨을 죽인 것도 그 원인이 피해의식이었습니다. 즉 자신이 동생보다 하나님으로부터 인정받지 못하고 있다는 피해의식, 그로 인하여 부모님들도 자신을 인정해 주지 않고 무시하고 있다는 병적인 피해의식이 인류 최초의 살인자로 낙인찍히고 마는 아픔을 당하게 만들었습니다(창4:1~9). 그러므로 자신이 지금 다른 사람과 가정, 교회 및 사회에서 인정을 받지 못하고 있다고 단정해 버리는 지나친 피해의식은 자신의 삶의 톱니바퀴를 자신이 스스로 무참하게 부숴버리는 죄악과 같은 것입니다. 또한 다윗을 죽이려는 살의로 인하여 결국 자신을 죽음으로 몰아간 사울왕의 삶도 지나친 피해의식의 결과였습니다(삼상18:6~12, 23:6~14).

그러나 우리들은 마치 뱀처럼 지혜롭게 살아야 할 그리스도의 제자들입니다. 요셉의 형들, 또한 가인 및 사울처럼 자신의 현실 가운데 나타난 결과만 가지고 행동하는 열등한 인생이 아니요, 내가 왜 주위 사람들에게 인정과 사랑을 받지 못하는가에 대한 원인을 발견하고 치료할 줄 아는 지혜와 결단이 있어야 합니다.

우선, 문제를 가지고 성령 하나님께 기도하십시오. 또한 성경

말씀을 규칙적으로 읽어나가되 그 속에서 자신을 향한 새로운 하나님의 음성을 듣고자 하는 자세로 읽어야 합니다. 그리하면 지나친 피해의식의 원인을 발견케 하시며 치료받을 길로 인도하시는 보혜사 성령님을 만나게 될 것입니다.

2. 지나친 출세욕입니다.

열등감이 강한 사람에게는 반드시 지나친 출세욕이 있습니다. 열등감은 항상 심리적인 불안과 고통을 동반하고 있기 때문에 그로부터 벗어나고자 하는 강한 출세 욕구가 의식, 또는 무의식적으로 있게 됩니다. 그런 지나친 욕구가 어떤 수단과 방법도 가리지 않고 결국 출세하여 그동안 나를 하찮게 보았던 사람들의 코를 납작하게 하고 말 것이라는 욕구로 표출되게 됩니다. 그래서 지나치게 자신의 육체를 학대하듯 일을 합니다. 심지어 부정부패, 사기, 협잡과도 손을 잡습니다. 윤리도덕을 멀리 던져버린 지 오래입니다.

그리고 혹 출세하게 되면 그 자리를 지키기 위해 윗사람에게 과잉 충성하지만 반대로 부하들에게는 지나칠 정도로 엄하고 학대하기를 주저하지 않습니다. 이런 분들은 사회생활 뿐 아니라 심지어 교회생활도 즐거움으로 예배드리며 봉사하지 않습니다. 다만 출세하기 위해 열심히 합니다. 그래서 교회의 직분과 하나님의 은사도 경쟁적으로 쟁취하고자 합니다. 지나친 열등감은 결국 이런 병적인 출세욕으로 나타납니다. 상대방과 비교하여 자신은 꼭 이겨야 하는 것이 그의 삶의 목적이요, 목표이기 때문입니다.

이는 동물의 세계와 별다름이 없는 삶인 것입니다. 예수님의 제자들도 한 때 그런 모습이 있었습니다. 주님께서 가이샤라 빌립보 지방에서 가버나움으로 들어가시는 노상에서 제자들은 크게 다투었습니다. 그 원인이 무엇이었습니까? "우리 중에 누가 더 크냐?", "누가 앞으로 주님께서 이스라엘의 왕이 되실 때 더 높은 자리를 차지해야 할 것이냐?"라는 지나친 경쟁심, 잘못된 경쟁심 때문이었습니다(마 20:17~28). 이와 같은 지나친 출세욕은 지나친 열등감에서 나오는 것인데 주님의 제자들 뿐 아니라 우리들 가운데에도 있을 수 있지 않겠습니까?

3. 선천적, 혹은 후천적인 성격 때문입니다.

성격자체가 태어날 때부터 혹은 후천적인 어떤 영향으로 열등감에 사로잡힌 사람들이 있습니다. 선천적인 영향은 '절대적인 열등감'이라고 말할 수 있습니다. 태어날 때부터 그런 성품, 혹은 그런 외모가 누가 보아도 열등한 상태인 사람이기 때문입니다. 그러나 후천적인 영향은 '상대적인 열등감'이라고 말할 수 있습니다. 분명 자신이 가진 것이 있으나 자기 주위에 있는 사람들이 더 많이 가진 것에 대한 불만, 불안, 고민과 시기에서 만들어진 열등감이 있는 사람들이 있습니다. 이는 사촌이 땅을 사면 배가 아프다는 속담과 일치되는 열등감입니다. 그 외에도 많은 원인들이 있으나 이런 열등감은 치료될 수 있습니다.

열등감의 치료법

1. 의학적인 치료법

자신에게 있는 열등감의 결과인 우울증을 자신 스스로 쉽게 치료할 수 없다는 판단이 내려지면 의료 전문가의 도움을 구하는 것을 주저하지 말아야 합니다. 전문인들을 통하여 정신적인 치료요법과 혹은 약물치료를 받아야 합니다. 의학은 하나님이 주신 선물입니다. 물론 의학을 과신하는 것은 죄악이지만 반면에 의학을 무시하는 것은 하나님을 무시하는 것과 같습니다.

2. 자기 자신을 바라보는 눈높이를 바꾸십시오.

날마다 같은 레일과 같은 지점을 반복해서 달려야 하는 '생각하는 기차' 가 있었다고 합니다. 매일 레일 위에서 멀리 보이는 아름다운 강과 숲, 그리고 푸른 벌판, 별장과 같은 집 때문에 늘 불평과 시기, 때로는 참지 못할 분노를 발하기도 하였습니다. '나는 매일 이렇게 고생하는데 저것들은 그저 앉아서 편안히 생활을 즐기고 있으니 참…!' 이 생각하는 기차는 지나친 비교의식으로 인하여 그동안 그렇게 경쾌하게 들렸던 '뽀오옥!' 경적소리가 마치 비명소리처럼 들리기 시작하였습니다. 또한 신나는 노랫소리로 들렸던 '칙칙 폭폭' 소리가 마치 번민의 한숨 소리로 들리기 시작하였습니다.

자기 자신의 지금 처지를 한탄하며 그저 그렇게 살아가던 그

생각하는 기차에게 드디어 변화가 생기게 되었습니다. 그것은
새로 도입된 후배 기차에게 밀려서 수백 번 오가던 그 레일에서
드디어 벗어나게 된 것이었습니다. 이제는 더 이상 지긋지긋한
레일 위를 달리지 않아도 되는 것입니다. 힘든 언덕을 오르고 내
리지 않아도 됩니다. 그러나 그렇게 소망하였던 숲에서의 휴식
과 자유에 대한 기쁨도 잠시 뿐이었습니다.

  이제는 아무도 자기에게 올라와서 여행의 기쁨을 말하지 않는
것입니다. 차창을 내다보며 좋아하던 아이들의 웃음소리도, 배
고픈 이들에게 김밥을 파느라고 객석 사이를 오가던 점원 아저
씨의 목소리도, 젊은 연인들의 속삭이던 사랑의 대화도 들리지
않는 것이었습니다. 그저 세찬 비바람은 그를 녹슬게 할 뿐, 더
이상 그에게 소망의 노래가 없게 되었습니다. 그리고 그는 이제
철도 위를 마음껏 달리는 새 기차를 부러워 할 뿐이었습니다. 그
리고 반복되는 독백이 있었습니다. '그 때 좀 더 감사할 것을…'
'그 때 좀 더 자신을 바라보며 기뻐해야 했을 것을…'

  현재의 자기 자신을 바라보는 눈을 바꾸는 것이 복입니다. 또
한 열등의식을 치료하는 명약입니다. 현재의 삶에 대하여 감사
하고 기뻐할 줄 아는 자신을 만들어 가는 것이 지혜입니다. 주어
진 환경을 바꿀 수 없다면 그 환경에 적응해 나가는 지혜와 결단
이 열등감을 이길 수 있는 비결이요, 비법입니다. 자신의 성격을
바꾸려하지 말고 그 성격을 주어진 환경에 맞추어 살도록 해야

합니다. 실패할 것을 예상하며 염려하지 말고 이제는 도리어 성공할 것을 기대하며 현실을 바라보고 행동해야 합니다.

특히 당장 변경할 수 없고 변화시킬 수 없는 현실을 가지고 너무 자학하지 말아야 합니다. 빨리 잊어버리십시오. 그리고 내 곁을 떠난 것보다 아직도 내 곁에 남아 있는 것을 보면서 기뻐하며 찬송하고 감사하는 삶으로 자신을 만들어 가야 합니다. 특히 생각하는 기차처럼 또는 성령 충만을 받기 전의 베드로처럼 다른 사람들을 너무 의식하지 말아야 합니다.

예수님께서 부활하신 후 세 번째로 제자들에게 나타나셨습니다. 그리고 베드로에게 사명자로서의 삶을 살다가 기독교인의 최고의 영광인 순교할 것을 예언하셨습니다. 그러자 그 때 베드로는 주님께 "그러면 제 동료인 요한은 앞으로 어떻게 되겠습니까?"라는 질문을 하였습니다. 그러자 그때 예수님께서는 이렇게 대답하셨습니다. 요한이 어떤 미래를 만들어 나가든지, 내가 요한을 어떻게 만들어 나가든지 그것이 "네게 무슨 상관이 있느냐?"라고 말입니다. 요한이 어떻게 살다가 어떻게 죽느냐는 베드로의 주된 관심거리가 되어서는 안 된다는 것입니다(요 21:18~22). 왜냐하면 그런 비교의식을 통하여 지나친 열등감, 혹은 병적인 우월감에 사로잡히는 베드로가 될 가능성을 주님께서 보셨기 때문입니다. 다만 베드로는 예수님께서 "너는 나를 따르라!"라고 말씀하신대로 따르면 되는 것입니다. 그것이 인생

성공의 비법이라는 것입니다.

그래서 키에르케고르는 "인간은 각각 하나님 앞에 서 있는 단독자"라고 말하였던 것입니다. 내가 아직 살아 있음은 하나님께서 귀히 여기시고 쓰실 이유가 있어서 살려 주시는 것입니다. 그러므로 다른 사람들과 자신을 비교하는 일을 더 이상 하지 말고 오직 자신을 사랑하며 사용하시기를 원하시는 하나님만 바라보며 묵묵히 달려가는 인생이 된다면 어느덧 열등감이 치료된 자신을 볼 수 있는 기쁨의 시기가 앞당겨 이루어질 것입니다.

3. 하나님과 친밀한 관계를 회복해야 합니다.

하나님을 알고 만나고 교제해야 합니다. 하나님을 제대로 알게 되면 자신을 제대로 알 수 있기 때문입니다. 특히 하나님을 두려움의 대상, 공포의 대상으로만 보았던 자신에게서 탈출해야 합니다. 그리고 하나님과 친밀한 관계로 몰입해야 할 것입니다. 혹 사람들은 나를 그렇게 평가할 수 있어도 하나님은 아직도 나를 사랑하고 나를 향하여 기대하고 계심을 깨닫는 축복을 받기를 바랍니다.

질과 양의 차이가 있을 뿐, 열등감은 누구에게나 다 있습니다. 한 때 다윗도 열등감으로 고민하는 삶을 살아갈 수밖에 없었습니다. 그래서 "여호와여 어느 때까지니이까 나를 영영히 잊으시나이까 주의 얼굴을 나에게서 언제까지 숨기시겠나이까 내가 나

의 영혼에 경영하고 종일토록 마음에 근심하기를 어느 때까지
하오며"(시 13:1~2)라며 탄식하며 자책하는 나날을 보내고 있었
습니다.

　그러던 그가 "여호와는 나의 목자시니 내게 부족함이 없으리
로다 그가 나를 푸른 풀밭에 누이시며 쉴 만한 물가로 인도하시
는도다 내 영혼을 소생시키시고 자기 이름을 위하여 의의 길로
인도하시는도다 내가 사망의 음침한 골짜기로 다닐지라도 해를
두려워하지 않을 것은 주께서 나와 함께 하심이라 주의 지팡이
와 막대기가 나를 안위하시나이다"(시 23:1~4)라는 담대한 고백
을 하게 된 원인이 어디 있었겠습니까?

　하나님과의 친밀한 관계를 회복하였기 때문입니다. 하나님은
그에게 더 이상 두려움과 심판의 대상이 아니었습니다. 다만 하
나님은 나의 목자요 나는 그의 기르시는 양이라는 관계의 회복
이 이루어진 것입니다. 나를 소생시키시며 심지어 사망을 골짜
기가 나를 엄습할지라도 그 분께서 자신을 지키시고 보호하시며
피할 길을 열어 주실 것이라는 믿음이 그에게 임했기에 열등감
을 떨쳐 버릴 수 있었던 것입니다. 이러한 축복이 자신에게도 동
일하게 임하기를 바랍니다.

생명의 원천이 주께 있사오니

여호와여 주의 인자하심이 하늘에 있고 주의 진실하심이 공중에 사무쳤으며 주의 공의는 하나님의 산들과 같고 주의 심판은 큰 바다와 같으니이다 여호와여 주는 사람과 짐승을 구하여 주시나이다 하나님이여 주의 인자하심이 어찌 그리 보배로우신지요 사람들이 주의 날개 그늘 아래에 피하나이다 그들이 주의 집에 있는 살진 것으로 풍족할 것이라 주께서 주의 복락의 강물을 마시게 하시리이다 진실로 생명의 원천이 주께 있사오니 주의 빛 안에서 우리가 빛을 보리이다 (시편 36:5∼9)

40분에 1명씩 자살하는 나라

자살문제가 심각한 사회 및 가정문제로 우리 곁에 성큼 다가왔습니다. 통계청이 발표한 '2007년 사망원인 통계결과'에 따르면 자살로 인한 사망자 수는 인구 10만 명당 24.8명이며, 이는 경제협력개발기구(OECD) 회원국 중에서도 최고 수준으로, 매일 약 33명이 자살을 택하여 이 세상을 등지고 있는 것입니다.

특히 과거와 달리 최근의 자살 주요원인은 가정폭력, 별거, 이혼, 가정경제 파탄, 배우자의 부정 및 가족해체 등의 가정문제였습니다. 이런 가정현실에 비관적인 생각의 해결방법으로 자살을 선택한 것입니다. 무엇보다도 자살자 10명 중 6명이 가정문제에 따른 자살이었다는 것이 충격이 아닐 수 없습니다.

　지난 날 우리 민족의 대가족제도는 가족자살 방지에 긍정적인 요소가 많았습니다. 집안에 계신 권위 있는 할아버지, 할머니, 부모님, 그리고 삶이 힘들 때 자신 곁에 있는 형제, 자매들에게 자기의 고민을 솔직히 이야기할 수 있었다는 측면에서 말입니다. 그로 인하여 극단적인 방법인 자살을 택하기 전에 가족이 적절한 통제 방법 및 피할 길이 되었습니다. 그러나 이제는 부모와 자녀 1명이라는 소가족제도로 인하여 과거의 그런 가족지원체제가 파괴된 것도 자살률 급증의 큰 원인임을 부인할 수 없습니다.

　또 한 가지, 자살의 주요원인은 자살이라는 극단적인 선택이 전염되고 있다는 것입니다. 즉 자살은 비슷한 상황이나 같은 처지에 있는 사람들에게 전염 효과를 가지고 있다는 것입니다. 이런 자살의 전염성을 가리키는 용어로 '베르테르 효과' 라는 말이 있습니다. 이는 18세기 유럽의 젊은 청년들이 괴테의 소설 〈젊은 베르테르의 슬픔〉을 읽은 후 동조자살을 많이 한 사실에 기인된 용어인 것입니다. 소설의 주인공 베르테르가 로데와의 사랑을 이루지 못하고 권총으로 자살을 하는 장면을 읽으면서 그와 비슷하거나 같은 처지에 있었던 젊은이들에게 자살이 급속히 조장되었던 것입니다.

　현대도 마찬가지입니다. 언론에 어느 누구의 자살이 대대적으로 보도가 되면 그 후에 자살에 의한 사망자 숫자가 급증하게 되어 있습니다. 그래서 미국 웨인주립대 스티븐 스택 교수의 연구에 따르면 연예인이나 유명 정치인 및 사회명사의 자살 사건의 보도는 평범한 사람들의 자살보도보다 14.3%나 후속 모방 자살로 이어질 가능성이 높다는 연구결과를 발표하였습니다. 이런 현상은 현재 우리나라에서도 그대로 적용되고 있습니다.

게다가 인터넷에 자살 사이트의 기승과 함께 자살 도우미까지 등장한 것이 우리나라의 현실이며, 게다가 자살방지 사이트들 중 일부가 사실은 자살사이트로 운영되고 있다는 현실을 부인할 수 없습니다. 물론 지금까지 한평생 살아온 성도들이 자신의 과거 삶을 돌이켜 볼 때 가볍게 혹은 심각하게 자살을 한번쯤 생각해 보지 않았던 분은 그리 많지 않을 것입니다. 또한 지금도 자살을 생각하고 있는 분도 있지 않을까 생각이 됩니다. 그러면 우리들은 자살문제 대해 성경적인 해답을 갖고 있는지요? 그리고 그 해답을 자신의 가족이나 사랑하는 이들에게 말해 줄 수 있는지요?

생명의 원천은 오직 하나님께 있습니다.

성경은 생명에 대하여 어떻게 말씀하고 있습니까? 성경은 생명의 원천이 오직 하나님께 있음을 확언하고 있습니다. 생명의 원천이란 뜻은 무엇일까요? 어느 큰 줄기라도 거슬러 올라가면 결국 어느 높은 산 중턱이나 꼭대기에 물줄기의 근원이 있듯이 모든 인간 뿐 아니라 각종 생물의 기원과 근원은 오직 하나님 아버지라는 것입니다. 즉 우리들은 하나님께서 이 땅에 보내주셨으며 또한 우리 생명의 주관자는 오직, 결국 하나님 뿐이라는 성경의 말씀에 귀 기울여야 하는 시대에 살고 있습니다.

그러나 결코 적지 않은 영향을 대중에게 끼칠 수 있는 저명한 학자, 문학가 및 예술가들이 생명의 주관자이신 하나님의 뜻을 거역하는 자실에 대하여 정당성과 당위성을 긍정적으로 평가하는 세대에 우리들이 살고 있습니다. 특히 헤밍웨이, 까뮈, 니체, 쇼펜하우어 등은 인간의 자살을 인간이 지나고 있는 고유한 권한이요 특권으로 간주하므로 자살에 대한 동경을 부추겼습니다. 특히 프랑스 사회학자 에밀 뒤르껭(Emile Durkheim)은 그의 저서 〈자살론〉에서 자살의 유형을 말할 때 "사회를 위해 스스로 자신을 희생하는 이타적인 자살도 있다."라는 논리를 펴 자살의 정당성을 피력하기도 하였습니다.

또한 철학자 세네카는 말하기를 "죽음에 관하여는 자기가 하고 싶은 대로 할 수 있다."라고 하며 인간에게는 세상을 떠날 방법도 선택할 권리가 있다는 것을 강조하였습니다. 그래서 세계보건기구에 따르면 사람들이 자살하는 동기가 무려 989가지에 이르며 자살의 방법도 83가지나 된다는 통계를 발표하였습니다. 특히 주목해야 할 것은 세계 4대 자살왕국은 헝가리, 핀란드, 일본, 그리고 한국인데 최근 들어 헝가리, 핀란드는 자살률

이 감소하는데 일본과 우리나라는 더 늘고 있다는 것입니다. 그로 인하여 2005년 이미 자살증가율 1위라는 부끄러운 기록을 가지고 있는 우리나라가 조만간 자살왕국 1위를 차지할 것 같은 안타까움이 있음을 부인할 수 없습니다.

이런 자살의 증가율로 인하여 자살에 대한 동정론과 당위성도 대두되고 있는 우리나라 현실이지만 그럼에도 불구하고 우리 성도들에게 자신의 신앙과 생활의 유일한 법칙이요 규범이 있다면 그것은 오직 성경 말씀이라는 것을 잊지 말아야 할 것입니다. 우리 인생의 잣대인 성경은 오직 생명의 근원이 하나님께 있음을 증거하고 있습니다. 또한 자신의 생명에 대한 기득권과 절대주권은 오직 하나님께 있음을 깨닫고 동의하는 것이 하나님 자녀입니다. 즉 자살은 하나님의 고유주권을 침해하는 큰 죄, 고범죄임을 인정하는 것이 하나님의 자녀의 도리입니다. 다시 말씀드리면 내 생명은 내 것이 아니고 주인 되시는 하나님께서 내게 맡겨주신 것이라는 신앙고백이 있는 분들이 바로 하나님의 자녀입니다.

그리고 생명의 청지기로서 삶과 물질뿐 아니요 자신의 생명까지도 아버지 하나님을 위하여 사용되어야 한다는 거룩한 의무와 특권을 가지는 성도들에게는 자살의 충동을, 혹은 결심을 물리칠 수 있습니다. 더 나아가 자살을 생각하거나 시행하고자 할 때 내게 자살할 결단과 능력이 있으면 그것을 가지고 다시 일어나 살아 보자고 마음 먹는다면 하나님의 능력을 받게 될 것입니다. 그 결과 자신의 생각보다 빨리 하나님께서 결국 합력하여 선을 이루어 주시는 것을 현실 속에 체험할 것입니다. '내가 그 때 자살하였다면 정말… 휴!'라며 감사 찬송을 올리게 될 것입니다.

저는 목회를 하면서 자살문제로 상담한 적이 여러 번 있었습니다. 제가 어느 교회에서 부교역자로 사역할 때의 일입니다. 그 분은 참으로 성실하고 진실하게 살아오신 분이었습니다. 요즈음 학생들이 말하는 '범생이'였습니다. 그런데 어느 해 엄청난 아픔을 겪게 되었습니다. 그렇게 믿음으로 신실하게 사신 분이 하늘이 무너지는 것 같은 삶의 충격을 받게 된 것이었습니다. 아마 그 성도의 고통을 비유한다면 너무 감당하기 힘든 현실을 목도하다가 결국 자살을 택하셨던 최근 몇 년 전, 고위층에 계신 분 같은 고통이었을 것 같습니다.

어느 날 그 분에게 심방 요청을 받은 저는 그 성도를 찾아갔습니다. 깊은 생각에 잠겨 있던 그 분은 무거운 입을 열었습니다. "자살하면 죄가 됩니까? 자살하면 지옥에 가게 됩니까? 궁금합니다." 아마도 신앙인이었기에 제가 대답할 내용을 너무나 잘 아시면서도 하신 말씀인 것 같았습니다. 물론 저는 생명의 원천과 근원은 하나님뿐임을 말씀 드렸습니다. 그리고 위로의 말씀을 성경을 통하여 드렸습니다. 하나님의 은혜로 그 심방 후 다시 마음과 몸, 또한 생활이 회복되셨습니다. 아마 지금도 살아 계실 것입니다.

'자살'을 거꾸로 읽으면 '살자'입니다.

인생 및 신앙을 포기하거나 심지어 생명을 포기하고 싶은 성도들이 다시 살아보자는 결단을 할 수 있는 방법이 있습니까? 그 방법을 알려주는 곳이 어디에 있을까요? 바로 성경 말씀입니다. 그런 자살충동이라는 어두운 터널에서 벗어날 수 있는 출구는 오직 여호와 하나님 품으로 돌아오는 것입니다. 그래서 시편 36편 5~9절 말씀을 다윗이 기록할 때 제일 첫 머리에 "여호와여!"라고 외치고 있는 것입니다. "여호와 하나님이여!" "저를 기억해 주옵소서!" "저를 회복시켜 주옵소서!"

그러면 여호와 하나님은 어떤 분이십니까? 하나님은 인자하심과 성실하심이 측량할 수 없는 분입니다. "하늘에 있고… 공중에 사무쳤으며"라는 시적 표현의 진정한 뜻은 하나님의 인간을 향한 언약적 신실하심이 가히 측량할 수 없을 정도인데 그것을 자살충동에 시달리게 되는 그 순간에도 믿느냐가 인생에게 중요한 것이라는 뜻입니다. 세상의 옆문, 앞문, 뒷문이 다 막혔어도 하늘 문은 아직 열려 있는 줄로 알고 하나님 품으로 돌아가는 것이 능력이요, 축복이요 회복임을 믿어야 합니다. 세상사람은 다 나를 버리고 나를 비웃더라도 하나님은 결코 나를 버리지 않으시고 아직도 나를 품으시고 인도하신다는 고백이 모든 근심과 고통, 그리고 자살충동을 등 뒤로 던지게 할 것입니다.

또한 하나님은 공평하게 상벌을 내리시는 분이십니다. "주의 의는 하나님의 산들과 같고 주의 판단은 큰 바다와 일반이라"는 뜻은 높은 산, 크고 깊은 바다처럼 하나님의 의와 판단은 흔들림이 없고 영원한 것이라는 뜻입니다. 우리를 향한 사람들의 판단과 정죄는 결코 온전할 수 없습니다. 때로는 일방적으로 당하면서도 자신을 항변할 통로나 기회가 없어 더 마음이 찢기는 아픔을 당하는 분들이 있을 것입니다.

그러나 우리들의 그런 처지를 권선징악의 하나님만은 아십니다. 하나님은 갈고리와 같은 분이 아니시며 솥뚜껑처럼 우리들을 덮으시고 이해하시고 품어주시며 결국 전화위복의 축복을 주실 분이십니다. "주는 사람과 짐승을 보호하시나이다"라는 말씀을 믿고 하나님께 자신의 그 기막힌 현실을 기도로 맡기면 시험당할 즈음에 또한 피할 길을 내사 우리로 능히 감당하게 하실 것입니다(고전10:13). 이를 믿으십시오.

마지막으로 하나님은 우리를 큰 날개로 품어 주시는 분이십니다. "하나님이여 주의 인자하심이 어찌 그리 보배로우신지요 인생이 주의 날개 아래 피하리이다". 이는 마치 폭풍우 대작하는 여름 장마철에 작고 힘없는 어린 새들이 크고 넓은 어미 새의 날개 아래를 유일한 피난처로 삼고 안도의 한숨을 내 쉰 후 피곤함에 곧 잠이 들듯이 하나님의 품안에 안긴 분들의 현실이 그러하다는 것입니다.

심한 삶의 고통으로 인하여 교회생활과 봉사생활을 포기하고 싶습니까? 이제는 자신을 아는 사람들이 많은 동네나 출석 교회보다 멀리 지방으로 가서 남을 의식하지 않고 조용히 나머지 신앙생활하고 싶은 충동이 있습니까? 심지어 이민 가고 싶은 충동이 자주 일어납니까? 교회도 어느 정도의 돈과 세상 지위가 있어야 대접을 받는 곳인데 나 같은 인생 실패자가 계속 다녀도 되는 것일까 하는 충동이 자주 생깁니까? 이제는 동네에서 나를 아는 사람들을 만나더라도 그들이 뒤에서 뭐라 숙덕일까 하는 생각에 집밖으로 나가는 것조차 싫어집니까? 목사님의 말씀이 다 가식처럼 들리십니까? 얼마 전과 달리 자살충동이 더 심해지십니까? 가족과 동반자살하는 것은 동반자살이 아니라 가족 살해라는 말이 웃기는 이야기처럼 들립니까? 심지어 이미 자살한 사람들이 부럽습니까?

그들의 그 고통의 질과 양을 이해합니다. 그러나 동시에 하나님을 하나님답게 소개하고 싶습니다. 또한 하나님을 하나님답게 믿으라고 전하고 싶습니다. 하나님은 아직도 성도님을 버리지 않으셨습니다. 성도님의 삶을 여기까지 인도하신 에벤에셀의 하나님, 오늘도 여전히 함께하시는 임마누엘의 하나님, 앞날도 이미 앞서 가시며 피할 길을 미리 미리 준비해 놓으시는 여호와 이레의 하나님이십니다.

그 하나님을 진심으로 신뢰하기 시작하면 '자살'이 '살자!' 가

될 줄로 믿으십시오. 조금만 참고 믿음의 길을 벗어나지 않으면 그 성도의 현세와 내세 삶에 다음의 말씀이 분명히 응답될 것입니다. "저희가 주의 집의 살찐 것으로 풍족할 것이라 주께서 주의 복락의 강수로 마시우시리이다." 우리가 믿는 하나님은 우리들의 기쁨 속에서 고개를 끄덕이시며 우리들의 양심 속에서 말씀하시며 동시에 우리들이 당하고 있는 고통 속에서 소리치시고 계십니다. 어떤 소리일까요? 자신이 당하고 있는 삶의 극한 고통은 그 동안 잠시 귀먹었거나 혹 잠자고 있는 자신을 깨우는 하나님의 확성기와 같은 소리라는 것입니다. 즉 신앙생활을 포기하고 싶거나 자살하고 싶을 정도의 고통은 우리들을 향한 하나님의 확성기입니다.

그러므로 지금은 우리들이 고개를 들어 하나님의 손과 발이 아니라 하나님의 얼굴을 구할 때입니다. 즉 하나님의 자신을 향한 어떤 역사하심을 경험하고자 하는 것이 아니라 아직도 자신을 향하여 나를 믿고 조금만 더 믿음 가운데 참아 보라는 말씀으로 격려하고 계시는 하나님의 얼굴을 이 말씀을 통하여 볼 수 있는 영안이 열려지시기를 바랍니다.

고난 당한 것이 내게 유익이라

고난 당한 것이 내게 유익이라 이로 말미암아 내가 주의 율례들을 배우게 되었
나이다 주의 입의 법이 내게는 천천 금은보다 좋으니이다
(시편 119:71~72)

어머니께서 나에게 하신 똑같은 방법으로…

"나의 어머니께서 췌장암으로 두 번이나 수술을 받은 후 극도
로 쇠약해지셔서 혼자 힘으로는 아무 것도 하실 수 없다. 밥도 먹
여 드려야 하고 대소변도 받아내야 한다. 기저귀를 갈아드리고
대변을 보신 후에는 밑도 닦아 드려야 한다. 옷도 입혀 드려야 하
고 얼굴도 씻겨 드려야 한다.

열 여섯 살에 시집오셔서 지금까지 자식을 위해 헌신하시고 자
식만을 위해 사시면서 무엇이든지 자식을 위해 다 해주셨지만 이
제는 자식을 위해 해줄 것이 아무 것도 없다. 그래서 이제는 자식
들한테서 받을 차례다.

나는 요즈음 틈만 나면 어머니께 가서 밥을, 아니 미음을 먹여
드리고 기저귀를 갈아 드리며 얼굴을 씻겨드리고 옷을 입혀드리
면서 전에 느끼지 못하였던 새로운 사랑을 느끼고 있다. 나는 어

머니 기저귀를 갈아드리고 대변을 닦아 내면서 이런 생각을 했다.

어머니께서는 나의 대변을 몇 번이나 닦아주셨을까? 내가 똥을 쌌을 때마다 밑을 닦아 주셨을 텐데 몇 번쯤 될까? 적어도 4,5년은 닦아 주셨을 것이니 5년이면 1,825일이고 하루에 두 번씩이만 닦아주셨어도 3,650번이다. 그렇다면 내가 어머니의 밑을 365번을 닦아드려야 겨우 100분의 1을 갚는 것이다. 그런데 어머니의 대변을 36번 닦아드릴 수 있을지 모르겠다.

내가 오줌을 싸서 기저귀를 갈아 주신 게 몇 번이나 될까? 적어도 3년 동안은 오줌을 쌌을 것이고 세 시간에 한 번씩 쌌다면 하루에 8번이고 3년이면 8,760번이다. 내가 어머니의 기저귀를 87번을 갈아드려야 겨우 100분의 1을 보답하는 것이다.

어머니께서 나에게 젖을 먹여주시고 밥을 먹여주신 것이 몇 번이나 될까? 적어도 3년은 먹여주셨을 것이고 3년이면 세 번씩만 쳐도 1,095번인데 내가 100번을 먹여드려야 겨우 10분의 1을 갚는 것이다. 그 밖에 몸을 씻겨드리는 것, 옷을 입혀드리는 것, 각종 시중을 들어드리는 것들도 100분의 1도 갚기가 쉽지 않을 것 같다.

이제 사실 날도 얼마 남지 않았고 형제들과 교대로 간병을 해야 하기 때문에 내 차지가 자주 돌아오지도 않는다. 어머니가 나에게 베푸신 사랑은 내가 아무리 노력해도 100분의 1도 갚을 수 없다는 것을 숫자로

계산해 보면서 깨달을 수 있었다. 나는 이런 생각을 하면서 어머니를
진정으로 사랑하게 되었다

　그 동안 어머니를 사랑한다고 생각했는데 사실은 머리로만 한 사랑
이었다. 추상적이고 막연한 사랑에 불과했던 것이다. 어머니를 자주 찾
아뵙고 가끔 용돈을 드리고 가끔 맛있는 것을 사다드리고 좋아하시는
옷이나 물건을 사다드리면 그것이 어머니를 사랑하는 것이라고 생각했
다.

　미국으로 가기 전에도 혹시 내가 미국에 있는 동안 돌아가실지도 모
르니까 3박 4일 간의 제주도 여행을 시켜드렸고 미국까지 초대해서
미국 구경을 시켜 드려 거의 1년 동안 자랑할 거리를 만들어드렸을 때
나는 그것을 사랑이라고 생각했고 효도라고 생각했다. 그런데 그 모든
것들이 추상적이고 막연한 사랑일 뿐 진정 마음 속 깊이 심장을 움직이
는 사랑에는 이르지 못했음을 나는 요즈음 깨닫고 있는 중이다.

　어머니의 기저귀를 갈아드리는 등 어머니께서 나에게 하신 똑같은
방법으로 어머니께 해드림으로써 어머니를 더 사랑하게 되었다. 아직
도 멀었지만 그래도 이제는 진정으로 어머니를 사랑한다고 말 할 수 있
다. 그러나 너무 늦었다. 더 일찍 사랑했어야 하는 것인데 너무 늦은 것
이다.
　아우구수티노 성인은 〈고백론〉에서 "늦게야 님을 사랑했습니다"라
고 너무 늦게 하나님을 사랑하게 된 것을 후회했다. 나도 늦게야 어머

니를 사랑했지만 이제부터라도 얼마 남지 않은 기간이라도 마음껏 온
정성을 다해서 어머니를 사랑할 것이다.”

박용식 신부 수필집, 〈예수님 흉내내기〉 중에서

자원하여 죽음의 고통을 선택하신 예수님

우리 교회의 어느 남집사님의 이야기입니다. 그분은 병든 아버
님을 지성으로 모시고 계시는 분이십니다. 우리 교회 어느 남성
도들보다 제일 먼저 효자상을 받기에 마땅한 분이십니다. 아버
님의 병세가 그리 만만치 않아 대소변을 받아내야 할 정도입니
다. 인천에 사는 자녀가 오직 우리 교회 그 집사님 한 분 뿐이어
서 집에 간병인을 두었습니다. 왜냐하면 본인은 매일 출근을 해
야 하기 때문입니다.

병든 아버님의 모든 간호를 간병인에게 맡겼으나 아버님의 대
소변을 가리는 것만은 결코 간병인에게 맡기지 않으셨습니다. 그
러면 어떻게 하셨겠습니까? 점심식사 시간에 급히 집으로 돌아와
그것만은 자신이 직접 처리한 후 다시 일터로 나갑니다. 그것도
하루 이틀이 아니라 긴 시간을 그렇게 하셨습니다. 그저 고개가
숙여질 뿐입니다. 참 귀한 분이라는 생각이 저절로 들게 합니다.

아마도 그 분 자신이 아주 어렸을 때 아버지께서 자기에게 해
주셨을 그대로 해 드리면서 아버지에 대한 사랑과 존경이 더 깊
어지고 넓어졌을 것입니다. 그리고 그 효성은 교회 모든 성도들

에게 가정 어르신들을 향한 효심의 이정표요 나침반이 될 것입니다. 더 나아가 이 두 가지 이야기를 통하여 예수님의 우리들을 향한 사랑의 양과 질을 다시 한 번 확인하며 이전보다 더욱 주님을 사랑하는 결단을 가져야 할 것입니다.

우리는 십자가에서 고난당하시던 예수님 곁으로 가 보아야 합니다. 골고다 산상으로 가보십시오. 왜 그토록 고난을 당하셨습니까? 누가 예수님을 십자가에 못 박았습니까? 빌라도입니까? 로마병정들입니까? 혹은 선동하는 자들에게 농락당한 유대인들, 아니면 대제사장이나 서기관들입니까? 그렇지 않습니다. 예수님은 자발적으로, 심지어 의도적으로 골고다 십자가로 올라가시는 삶을 사셨습니다. 즉 공생애 중에 자신의 죽으심을 자주 예언하셨던 주님을 상기한다면 넉넉히 이해할 수 있을 것입니다. "선한 목자는 양들을 위하여 목숨을 버리거니와"(요10:11). 심지어 "목숨을 버림이라 이를 내게서 빼앗는 자가 있는 것이 아니라 내가 스스로 버리노라"(요10:17~18)고 예언하실 정도였습니다. 그러므로 예수님은 십자가에서 죽임을 당하신 것과 동시에 죽음을 선택하신 것이었습니다.

즉 주님은 인간 순교자가 아니십니다. 다만 아버지 성부 하나님의 뜻을 위하여 죽음을 맞이하였으며 동시에 성부 하나님께서 죽음의 구덩이로 성자 예수님을 내어 주신 것입니다. 그러므로 십자가 고통의 양과 질은 가히 인간의 죄된 입술로 표현할 수 없음을 단언합니다.

　제게 아들이 있습니다. 아버지로서 제 아들을 향한 저의 뜻은 사랑하며 오래 같이 살고 싶은 것이지만, 때가 차매 제 아들이 주위 많은 사람들의 죄를 뒤집어쓰고 죽어야 하는 현실이 다가왔다고 가정해 봅니다. 그리고 말도 되지 않는 현실을 아버지로서 제 자신이 인정하였다고 가정해 봅니다. 물론 결코 죽을 죄를 진 아들이 아니지만 말입니다. 그리고 정말 다시 때가 차매 제가 스스로 아들을 죽음의 자리로 몰아냈고 저의 아들은 아버지인 저의 뜻을 따라 죽음을 맞이합니다. 고통을 감내합니다. 한 사람의 목숨이 죽어가는 것이 그리 쉽습니까? 파리와 모기도 쉽게 죽지 않는데 말입니다. 아들이 서서히 죽어가는 것을 곁에서 아비로서 바라볼 때, 또한 자신이 죽을 죄를 진 것도 아님에도 불구하고 죽어갈 때 아들의 심경을 생각해 보면 아비로서 그저 이런 외마디 소리를 지를 수밖에 없을 것입니다. “하나님, 이렇게 하셔도 되는 겁니까? 하나님 맞습니까?”

　그러나 주님께서는 그렇게 십자가 죽음을 받으셨습니다. 우리들의 죄악을 사하시기 위해서 말입니다. 우리들을 하나님과 화목하게 하시기 위해서 말입니다. 우리들이 하나님을 아버지라 부르며 기도와 찬송할 수 있게 하기 위해서 말입니다. 우리들이 하나님의 자녀답게 살게 하기 위해서 말입니다. 그리고 우리 삶의 마지막 날 영생과 천국으로 인도하시기 위해서 그 처절한 고통을 스스로 자원하신 것입니다.

예수님의 자신을 향한 사랑을 느낄 수 있는 때는 언제일까요?

자신의 인생 여정 중 어느 시기에 예수님의 사랑을 더 깊고 넓게 그리고 많이 느끼며 감사할 수 있을 것 같습니까? 자신 인생에 너무나 행복한 날들 중 어느 날일까요? 아니면 참으로 고통스러운 삶을 살아가게 되던 그 어느 날일까요? 결코 행복한 날이 아닙니다. 삶의 고통이 가중될 때입니다. 그리고 고난이 자신을 괴롭힘에도 불구하고 믿음을 포기하지 않을 때임을 잊지 말아야 합니다. 그 때 주님의 자신을 향한 사랑의 농도를 진하게 알게 되며 더 예수님을 사랑하게 될 것입니다.

저는 어느 젊은 집사님 댁 사정을 알고 있습니다. 그 가정은 그 해 일 년 동안에 엄청난 고통을 당하였습니다. 아마도 다른 가정이라면 10여 년 동안 당할 일을 일 년 동안에 당하셨습니다. 어린 아들이 뜨거운 물을 얼굴부터 뒤집어쓰는 바람에 얼굴 형체가 일그러졌고 수술을 계속 받아야 하는 고통을 당하였습니다. 거기에다가 남편 집사님은 정말 애매한 오해를 받다가 결국에는 절제하지 못하는 상대방의 주먹에 맞아 코뼈가 부러지면서 코의 위치가 바뀌는 고난을 당하였습니다. 물론 기독교인으로서 많은 것을 묵상한 후 그 가해자를 고발하지는 않았습니다.

그러나 그 사실이 이 사람 저 사람에게 알려지면서 눈덩이처럼 불어난 자신의 이야기가 지역사회와 섬기는 교회에 퍼지므로 이제는 교회에 가서 교인들과 눈을 맞추는 것이 죽고싶을 만큼 부담스러운 처지가 되고 말았습니다. 그러던 중 어느 날 아내가 넘어지면서 팔이 으스러지는 중상을 당하고 말았습니다. 엎친 데 겹친 격으로 다니던 회사생활이 여러 가지 이유로 어려움에 처하게 되자 일반사람들 뿐 아니라 자기를 잘 아는 사람들인데도 불구하고 자업자득이라는 식으로 말을 함으로 더 큰 고통 속으로 빨려 들어가고 말았습니다.

이제는 사람 만나는 것이 정말 두려웠습니다. 교회를 다니는 것도 큰 부담이 되었습니다. 자칫하면 무신론자가 될 것 같았습니다. 왜냐하면 하나님이 자신과 가정을 버리신 것 같은 정도가 아니라 조롱하시는 것 같았기 때문이었습니다. 자신을 범죄자 취급하는 것 같은 현실에 이제는 자신이 동네를 향방없이 뛰어다니고 있는 어느 개만도 못한 것 같은 생각으로 가득 찬 그 어느 날, 그럼에도 불구하고 하나님의 말씀을 보며 기도를 하는데 문득 예수님께서 십자가에서 고통 받으신 것이 생각나게 되었다는 것입니다.

그리고 자신에게 임한 고난이 도리어 하나님의 은혜를 체험할 수 있는 거룩한 수단이요, 동시에 하나님의 뜻을 깨달을 수 있는 귀한 수단임을 알게 되었습니다. 즉 예수님이 당하신 고통의 100분의 1도 되지 않는 고통을 당하면서도 지금까지 불평과 원망을 쉬지 않았던 자기 자신이 보이게 되었습니다. 췌장암으로 고통당하시는 어머니를 간호하다가 어머님을 진심으로 사랑하게 된 그 분처럼 삶의 고통 중에서 예수님을 더욱 사랑하게 되었습니다. 지금까지 그 어느 삶의 순간보다 말입니다.

아버지의 대소변을 받아 내다가 아버님에 대한 사랑과 애정이 더욱 깊어졌던 우리교회 어느 남집사님처럼 지금 당하고 있는 고난을 통하여 더욱 예수님을 사랑하게 되었습니다. 고통당하다가 예수님의 자신을 향한 고통당하심의 양과 질을 깨달으며 예수님을 더욱 사랑하게 되었습니다. 그리고 예수님을 통하여 자신에게 임한 구원에 대한 감사가 터져 나왔습니다. 나의 영혼을 구원해 주신 예수님께서 이 육신 고통의 끝도 주실 것을 믿게 되었습니다. 인생 풍랑 인연하여 더 빨리 가는 신앙, 더 견고한 신앙, 일평생 결코 흔들리지 않을 신앙을 주실 예수님을 사랑하게 되었습니다. 물론 하나님께서 회복시키시는 때가 차매 가정과 교회문제, 그리고 교인 및 모든 인간관계들이 은혜 중에 회복되었음을 그 집사님 내외분을 통하여 들으면서 전화위복의 은총을 주시는 하나님을 만나 볼 수 있었습니다.

그래서 이런 고난 속에 전화위복의 은총을 체험하였던 시편기자는 본문에서 이렇게 고백하였습니다. "고난 당한 것이 내게 유익이라 이로 말미암아 내가 주의 율례들을 배우게 되었나이다 주의 입의 법이 내게는 천천 금은보다 좋으니이다… 고난 당하기 전에는 내가 그릇 행하였더니 이제는 주의 말씀을 지키나이다"(시 119:71~72, 67).

　그러므로 지금 자신이 당하는 고통 속에 어떻게 이런 일이 우리 가정과 나에게 다가올 수 있는가 원망하고 불평하지 마십시오. 도리어 그 고통을 통하여 자신의 영혼과 육신을 위해 십자가를 지신 예수님의 고난을 조금이라도 체험하는 은총의 도구로 선용해야 할 것입니다. 동시에 자신에게 임한 고통 속에 담겨져 있는 하나님의 뜻을 헤아려야 할 것입니다. 어느 교인의 드린 감사헌금의 내용을 소개하며 말씀을 마치고자 합니다. "예수님, 바쁘다는 핑계로 주님과 예배를 멀리 하였는데 이 고난을 통하여 예수님과 깊은 교제를 다시 시작케 하심을 감사드립니다."

믿음을 굳게 하여 저를 대적하라!

너희 염려를 다 주께 맡기라 이는 그가 너희를 돌보심이라 근신하라 깨어라 너희 대적 마귀가 우는 사자 같이 두루 다니며 삼킬 자를 찾나니 너희는 믿음을 굳건하게 하여 그를 대적하라 이는 세상에 있는 너희 형제들도 동일한 고난을 당하는 줄을 앎이라 모든 은혜의 하나님 곧 그리스도 안에서 너희를 부르사 자기의 영원한 영광에 들어가게 하신 이가 잠깐 고난을 당한 너희를 친히 온전하게 하시며 굳건하게 하시며 강하게 하시며 터를 견고하게 하시리라 권능이 세세무궁하도록 그에게 있을지어다 아멘
(베드로전서 5:7~11)

낙심의 나무 아래 계십니까?

영적인 세계는 성령이 존재하고 악령도 존재합니다. 이는 마치 남한 땅이 존재하고 북한 땅이 엄연히 존재하고 있음과 같습니다. 북한이 그렇다는 것이 아니라 존재 면에서 그렇다는 것입니다. 악한 영의 명칭은 사탄이라고 합니다. 혹은 타락한 천사장을 말합니다. 하나님의 권위에 도전하다가 급기야 반역의 죄악을 범하였던 천사장 루시퍼가 버림받아 사탄이 되었음을 성경을 말씀하고 있습니다(사 14:12~15).

그리고 귀신, 혹은 마귀라고 부르기도 합니다. 그들은 사탄의 수하에 있는 영들인데 그 영들은 성도들에게 하나님의 뜻을 훼방하는 삶을 살도록 합니다. 또한 하나님의 영광

을 가리게 하며 결국 전도의 길이 막힐 수밖에 없는 언행을 하게 합니다. 이는 장미꽃이 썩으면 그 악취가 잡초보다 더 하듯이 그런 사람이 교회의 그 직분을 맡고 있다면 나는 정말 교회를 다니지 않으리라는 결심을 불신자들에게 주는 걸림돌의 삶을 살게 한다는 것입니다.

그런데 사탄 및 귀신, 마귀의 역사는 사람의 몸 속에 내주하며 강하게 역사할 때도 있습니다. 그럴 때면 참 무식한 사람이 정말 지혜롭게 이야기하기도 합니다. 물론 그 반대일 때도 있습니다. 참으로 똑똑하던 사람이 무식하고 무지한 행동을 서슴없이 하게 만들기도 합니다. 사탄의 공격이 과격하게 들어올 때에는 건강에 심한 손상을 주기도하며 사악한 성품으로 변하기도 합니다. 왜냐하면 그 사람의 인격과 의지가 물러가고 사탄이 움직이는 인격과 의지가 나타나기 때문입니다.

때로는 눈동자가 심히 커지기도 하며 목소리가 변하기도 합니다. 경건한 성도들과 눈을 마주치거나 대화하기를 싫어하며 찬송소리, 기도소리, 성경말씀, 예수 그리스도의 이름과 보혈을 극히 싫어하며 거부하기도 합니다. 이럴 때에 우리들은 귀신이 강하게 들렸다고 인정하며 축사를 위하여 영적노력과 싸움을 해야 할 것입니다.

또 한편, 사탄의 역사가 우리들의 삶 속에 약하지만 분명하게 나타날 때도 있습니다. 그 때는 악한 영이 우리들을 낙심의 나무 아래 힘없이 앉아 있게 만듭니다. 마치 열왕기상19장에 나오는 엘리야처럼 말입니다. 그는 정말 큰 승리를 쟁취하였습니다. 바알과 아세라 선지자들과 누가 참 신인가를 가려내는 신앙적 싸움에서 하나님의 은총으로 멋진 승리를 하였습니다. 그러나 그 직후 악녀이자 막강한 권력을 가진 이세벨이 자신을 죽이려는 결단으로 수많은 군인들을 데리고 추적해 오자 결국 도피생활을 시작하고 말았습니다.

광야를 헤매며 삶을 구걸하던 엘리야는 급기야 낙심합니다. 낙망합니다. 삶을 포기합니다. 자살을 생각하였습니다. 우리가 그렇게 존경하던 엘리야에게 그런 일이 있었으며 그런 내용을 성경에 기록한 것은 그 모습을 보며 비웃거나 조롱하라는 의미는 아닐 것입니다. 도리어 우리들도 그런 삶의 때가 있을 수 있는 가능성을 인정해야 한다는 것입니다. 아니 자신만이 알고 있는 삶의 고통과 시련으로 인하여 로뎀나무 밑에서 죽음을 생각하던 엘리야의 처지를 넉넉히 이해하는 분들이 있을 것입니다.

그러나 낙심할 수밖에 없는 상황, 즉 세상 사람이 존경하며 부러워하던 좋은 시절은 지나갔으나 그럼에도 불구하고 예수님은 임마누엘로 자신과 항상 함께 계심을 믿고 의지하는 분은 결국 전화위복의 축복을 받게 될 것입니다. 합력하여 선을 이룬다는 말씀을 체험하고 도리어 많은 분들에게 그 은혜를 전하는 전도자의 사명을 받게 될 것입니다. "우리가 선을 행하되 낙심하지 말지니 피곤하지 아니하면 때가 이르매 거두리라"(갈6:9)는 말씀에 아멘하게 될 것입니다.

낙심된 상황보다 주님의 언약을 더 신뢰하시면 됩니다.

낙심할 수밖에 없었던 상황, 그래서 도리어 하나님을 몰랐던 시절이 더 그리워지는 아픔의 세월을 엘리야 뿐 아니라 구약의 가나안 땅을 정탐하던 12명의 정탐꾼들도 경험하였습니다. 높은 산, 깊은 골짜기, 대장부 아낙자손들 가운데 자신들은 메뚜기만도 못한 것을 목도한 현실은 참혹 그 자체였습니다. 그래서 10명의 정탐꾼은 이스라엘 회중으로 돌아와 낙심과 낙망 속에 도리어 이방지역 생활이었지만 애굽 땅에서 잘먹고 잘살던 때가 더 좋았다며 자신을 지금까지 인도해 주었던 모세를 원망하며 회중들에게 낙심을 전염시켰습니다.

그러나 여호수와와 갈렙의 보고는 달랐습니다. 그 땅은 우리들의 것이라는 보고였습니다. 그들은 우리들의 밥이라고 선언하였습니다. 일어나 함께 가자고 격려합니다. 똑같이 낙심할 수밖에 없는 현실을 맞이하였는데 왜 이 두 부류의 보고는 판이하게 다릅니까? 그 이유가 무엇이겠습니까? 그것은 열 명의 정탐꾼은 하나님의 언약보다 현실을 더 크게 보았기 때문이었습니다. 반대로 두 명의 정탐꾼은 낙심할 수밖에 없는 현실이지만 다시 믿음의 정신을 차리고 하나님의 언약을 먼저 신뢰하는 마음과 언어와 삶을 보여 드렸기 때문입니다.

즉 하나님께서 조상 때부터 주셨던 언약, 그런 젖과 꿀이 흐르는 가나안 땅에 이르러 그 땅을 선물로 받게 되리라는 언약을 굳게 믿었습니다. 사람이 아니라 하나님의 약속이니 이루어질 줄로 믿습니다. 하나님은 자신이 하신 약속을 우리 가정과 민족에게 응답해 주실 줄로 믿습니다. 사람들의 예상과 객관적인 평가를 뛰어 넘는 현실을 하나님께서 주실 줄로 믿습니다.

우리도 역시 이런 믿음을 가진 성도가 되어야 합니다. 세상 끝날까지 나와 함께해 주시겠다는 주님께서 우리를 버리지 않으실 것입니다. 우리 가정과 민족을 다시 붙잡아 일으켜 주실 것입니다. 예수님은 하실 수 있습니다. 아니 주님은 하실 수밖에 없을 것입니다. 우리가 하나님의 자녀이기 때문입니다. 우리가 잘못되면 하나님의 영광과 이름이 욕될 것이기 때문이 아니겠습니까? 그런 믿음에 굳게 서서 사탄의 역사를 대적하고 이겨 승리의 깃발을 세우는 삶이 되어야 합니다.

합심, 통성기도

혹 낙심과 고난을 함께 고백할 수밖에 없는 현실을 맞이했어도 더 이상 불평하지 마십시오. 원망하지 마십시오. 낙심하지 마십시오. 그것들은 더 큰 불평거리, 낙심거리, 원망거리를 우리들에게 줄 뿐입니다. 다만 어려운 상황 속에서도 주님께서 자신과 함께 하시고 계심을 믿음으로 고백하십시오. 주님께서 역사해 주실 줄로 믿고 다시 일어서십시오.

아무 것도 염려하지 마십시오. 오직 모든 일에 기도와 간구를 감사함으로 하나님께 아뢰어야 합니다. 그리하면 모든 지각에 뛰어난 하나님의 평강이 그리스도 예수 안에서 성도님들의 마음과 생각을 주관하실 것입니다. 그리고 우리의 마음과 생각 속에 정말 낙심할 수밖에 없는 이 현실 속에서라도 주님께서 삶의 손을 잡고 일으켜 주심을 감사하는 신앙체험이 있게 될 것입니다. 내가 그 분의 손을 잡는 것이 아닙니다. 그 분이 내 손을 잡아 주시는 것입니다. 그리하면 놓칠 염려가 없을 것입니다.

우리들이 기도할 때 낙심할 수밖에 없는 지금의 현실을 이길 수 있는 담대한 마음을 주실 것입니다. 현실이 그럼에도 불구하고 신앙으로 견딜 수 있는 인내와 오래참음의 능력을 주실 것입니다. 그로 인하여 정금 같은 믿음을 주실 것입니다. 주님께서 원하시면 자신과 그 상황과 환경을 변화시켜 주실 것입니다. 상대방의 마음을 기적적으로 바꾸어 주실 것이며, 기도하는 그 기도제목을 들으시고 회복시켜 주실 것입니다. 또한 지금 많은 것을 잃었지만 아직도 자신 곁에 있는 남아있는 좋은 것들도 많이 있음을 볼 수 있는 영적인 안목을 주실 것입니다. 진정 자살도 생각해 볼 수밖에 없는 현실을 당하였으나 이제는 하나님의 은총으로 믿음, 기도생활, 찬송생활, 성경 읽고 은혜 받는 축복, 교회생활, 봉사생활, 예배의 즐거움을 회복시켜 주심을 감사할 수 있는 능력을 주실 것입니다.

기도하던 중, 전혀 예상치 못하였던 새로운 은혜, 은사, 말씀, 확신, 기쁨, 능력, 신유의 축복을 주실 것입니다. 혹 나와 나의 가정은 범사가 평강하며 좋은 일만 있다면 기억하시기 바랍니다. 다윗이 모든 일이 잘 되고 평안할 때 왕궁의 지붕을 거닐다가 어떻게 타락하며 얼마나 큰 아픔을 당하였는지를 말입니다. 인생의 폭풍우가 다 지나간 후 평안의 삶을 사시는 분들은 유비무환의 마음으로 기도해야 합니다. "하나님, 주님께서 주신 이 평강이 주님이 원하시는 일을 더욱 열심히 하므로 지속되며 더 큰 복으로 인도함을 받게 하여 주옵소서!

그것이 교회와 교인의 흔적입니다

그러므로 남을 판단하는 사람아, 누구를 막론하고 네가 핑계하지 못할 것은 남을 판
단하는 것으로 네가 너를 정죄함이니 판단하는 네가 같은 일을 행함이니라
(로마서 2:1)

지워지지 않는 이야기

저는 이동통신회사에서 민원을 상담하는 일을 하고 있는 이혜영이라
고 합니다. 그 동안 수많은 고객들과 통화를 하면서 아직까지도 가슴
속에서 지워지지 않는 이야기가 있어 이렇게 글을 올립니다.

그 날은 비가 많이 오는 날이었어요. 그날따라 불만 고객들이 유난히
많아 은근히 짜증이 나기도 했지요. 하지만 그건 어디까지나 제 사정이
기 때문에 걸려오는 전화에 제 기분은 뒤로 숨긴 채 인사 멘트를 했죠.
목소리로 보아 어린 꼬마여자였어요.

이혜영: 정성을 다하겠습니다. ○○텔레콤 이혜영입니다.

고　객: 비밀번호 좀 가르쳐 주세요.(목소리가 무척 맹랑하다는 생각을
하며…)

이혜영: 고객 분의 사용하시는 번호 좀 불러 주시겠어요?

고　객: 1234~5678이요.

이혜영: 명의자 성함이 어떻게 되십니까?

고　　객: 난데요.. 빨리 불러 주세요.

이혜영: 가입자가 남자 분으로 되어 있의신데요? 본인 아니시죠?

고　　객: 제 동생이에요. 제가 누나니까 빨리 말씀해주세요.

이혜영: 죄송합니다. 고객 분 비밀번호는 명의자 본인이 단말기 소지
　　　　후에만 가능하십니다. 저희 밤 열시까지 근무하니 다시 전화
　　　　해 주시겠어요?

고　　객: 제 동생 죽었어요. 죽은 사람이 어떻게 전화를 해요?

　가끔 타인이 다른 사람의 비밀번호를 알려고 이런 거짓말을 하는 경
우가 종종 있기 때문에 전 최대한 차가운 목소리로 이렇게 말했습니다.

이혜영: 그럼 명의변경을 하셔야 하니까요. 사망진단서와 전화주신 분
　　　　신분증 또 미성년자이시니까 부모님 동의서를 팩스로 좀 넣
　　　　어 주십시오.

고　　객: 뭐가 그렇게 불편해요. 그냥 알려주세요.

　너무 막무가내였기 때문에 저는 전화한 그 꼬마 아이의 부모님을 좀
바꿔 달라고 했죠. 그 꼬마 애의 뒤로 아빠와 엄마 그리고 그 여자아이
의 말소리가 들리더군요.

아　　빠: 여보세요.

이혜영: 안녕하세요, ○○텔레콤인데요. 비밀번호 열람 때문에 그런데

요. 명의자와 통화를 할 수 있을까요?

아　빠: 제 아들이요? 6개월 전에 사고로 세상을 떠났습니다.

이혜영: ……그 때부터 미안해지더군요. 아무 말도 못하고 잠시 정적
　　　　이 흐르는데 아빠가 딸에게 묻더군요.

아　빠: 애야, 비밀번호는 왜 알려고 전화했니?

딸아이: 엄마가 자꾸 혁이 호출번호로 인사말 들으시면서 계속 울기만
　　　　하잖아. 그거 비밀번호를 알아야만 지운단 말이야. 그 때 전 가
　　　　슴이 꽉 막혔습니다.

아　빠: 비밀번호를 알려면 어떻게 해야 합니까?

이혜영: 아? 예…, 비밀번호 명의자만 가능하기 때문에 명의변경을 하
　　　　셔야 합니다. 의료보험증과 보호자 신분증 넣어 주셔도 가능
　　　　합니다.

아　빠: 알겠습니다.

이혜영: 죄송합니다. 확인 후 전화를 주세요.

아　빠: 고맙습니다.

이혜영: 아~ 예….

　　그렇게 전화는 끊었지만 왠지 모를 미안함과 가슴 아픔에 어쩔 줄 몰
랐죠. 전 통화종료 후 조심스레 호출번호를 눌러봤죠. "언녕하세요. 저
혁인데요. 연락 주셔서 감사합니다." 이런 식으로 멘트가 녹음되어 있
더군요. 전 조심스레 그 사람의 사서함을 확인해 봤죠. 좀 전에 통화한
혁이라는 꼬마애의 아빠의 목소리가 있었습니다.

첫 번째 메시지입니다. "혁아…, 아빠다…. 이렇게 음성을 남겨도 네가 들을 수 없다는 걸 알지만 오늘은 네가 보고 싶어 어쩔 수가 없구나. 미안하다. 혁아…, 아빠가 오늘 네 생각이 나서 술을 마셨다. 네가 아빠 술 마시는 거 그렇게 싫어했는데… 안 춥니? 혁아…, 아빠 안 보고 싶어?"

가슴이 미어지는 것 같았습니다. 그 날 하루를 어떻게 보냈는지 모르겠습니다. 아마도 혁이 엄마는 사용하지도 않는 호출기임에도 불구하고 앞에 녹음이 되어 있는 자식의 목소리를 들으며 매일 밤을 울었나 봅니다. 그걸 보다 못한 딸이 인사말을 지우려 전화를 한거구요. 정말 가슴이 많이 아프더군요. 몇 년이 훨씬 지난 지금이지만 아직도 가끔씩 생각나는 잊혀지지 않는 이야기입니다.

〈사랑밭 새벽편지〉 "지워지지 않는 이야기"에서

아내의 빈자리

첫 번째 매

아내가 어이없는 사고로 우리 곁을 떠난 지 4년. 지금도 아내의 빈자리는 너무 크기만 합니다. 어느 날 갑작스런 출장으로 아이에게 아침도 못 챙겨주어 마음이 허전한 상태로 하루를 보낸 후 늦게 들어와 침대에 벌렁 누웠는데 순간 "푹! 슈욱!" 소리를 내며 손가락 만하게 불어터진 라면가락이 침대와 이불에 퍼질러졌습니다. 펄펄 끓는 컵라면이 이불 속에 있었던 것입니다.

그런 일이 일어난 과정은 무시하고 아이를 불러 마구 때렸습니다. 계속 때리고 있을 때 아들 녀석이 울면서 한 한마디가 손을 멈추게 하였습니다. 평소에 가스렌지 불을 함부로 켜면 안 된다는 말에 보일러 온도를 목욕으로 하고 데워진 물로 하나는 자기가 먹고 하나는 아빠 드리려고 식지 않게 이불로 덮어 놓았는데 아빠가 오자 너무 반가워 그것을 치우는 것을 깜빡 잊었다는 것입니다. 아들 앞에서 우는 것이 싫어서 화장실로 뛰어 들어가 수돗물을 틀어 놓고 울었습니다. 그날 밤 저는 잠든 아이 방문에 오랫동안 머리를 기대어 넣 놓고 서 있었습니다.

두 번째 매

일 년 전 아이와 그 일이 있고 난 후 내 나름대로 4년 전 내 곁을 떠난 아내 몫까지 하려고 더욱 신경을 썼습니다. 아이도 티 없이 맑게 커가고 있었습니다. 아이의 나이 일곱 살, 얼마 후면 유치원을 졸업하고 내년에는 학교에 갑니다.

어느 날 유치원에서 전화가 왔습니다. 아들이 유치원에 오지 않았다는 것입니다. 불안한 마음에 조퇴를 하고 집에 왔건만 아이가 없었습니다. 엄마 없는 아이를 부르며 애타게 찾았습니다. 그런데 그 놈이 놀이터에서 신나게 놀고 있었습니다. 너무나 화가 나서 집으로 와서 또 매를 들었습니다. 그런데 그 놈이 한마디 변명도 않고 잘못을 빌더군요.

세 번째 매

　그 날 이후 글을 다 배웠다고 너무 기뻐하며 저녁만 되면 자기 방에서 꼼짝도 않고 글을 써 대는 것이었습니다. 아내가 없었건만… 하늘에서 아이 모습을 보고 미소 지을 아내를 생각하니 난 또 흐르는 눈물을 참을 수 없었습니다. 그렇게 또 일 년이 흐르고….

　크리스마스 캐롤이 흘러나오는데 또 한 차례 아이가 일을 저질렀습니다. 회사에서 퇴근 준비를 하고 있는데 전화가 왔습니다. 우리 동네 우체국 출장소였는데 우리 아이가 주소도 우표도 없이 편지 300통을 넣는 바람에 연말 우체국 업무에 막대한 지장을 끼친다고 화를 내는 것이었습니다.

　다시는 들지 않으려 했던 매를 또 다시 들었습니다. 이번에도 변명 않고 잘못했다는 소리 뿐…. 이 후 우체국에서 편지 모두를 가지고 와서 도대체 왜 이런 일을 했느냐고 물었더니 아이는 울먹이는 목소리로 대답을 하였습니다. 하늘나라 엄마에게 편지를 보낸 것이라고…. 순간 울컥 나의 눈시울이 빨개지는 것을 느꼈습니다. 하지만 아이가 바로 앞에 있어 울음을 참고 다시 물었습니다.

　그럼 왜 이렇게 많은 편지를 한꺼번에 보냈냐고…. 그러자 아이는 그동안 편지를 써왔는데 우체통보다 키가 작아 써오기만 하다가 요즘 들어 다시 재보니 우체통에 손이 닿기에 그동안 써

온 편지를 한꺼번에 넣은 것이라고 하더군요. 전 아이에게 무슨 말을 해야 할지 막막하였습니다.

얼마 후 저는 아이에게 이렇게 말했습니다. 엄마는 하늘에 계 시니까 편지를 써서 불에 태워 하늘로 올려 보내자고 말입니다. 그리고 그 편지를 가지고 밖에 나왔습니다. 주머니 속에 라이터 를 꺼내 그 편지를 태우기 시작하였습니다. 그러다 문득 아이가 엄마한테 무슨 얘기를 썼을까 궁금해졌습니다. 그래서 태우던 편지 하나를 읽어 보았습니다.

보고 싶은 엄마에게
"엄마 지난 주에 우리 유치원에서 재롱잔치를 했어.
그런데 나는 엄마가 없어서 가지 않았어.
아빠가 엄마 생각할까봐 아빠한테 얘기 안 했어.
아빠가 나를 찾으려고 막 돌아다녔는데
난 일부러 아빠 보는 앞에서 재미있게 놀았어.
그래서 날 아빠가 마구 때렸는데 난 끝까지 얘기 안 했어.
나, 매일 아빠가 엄마 생각나서 우는 거 본다!
근데 나, 엄마 생각 이제 안 나… 아니…,
엄마 얼굴이 생각 안 나….
엄마 나 꿈에 한번만 엄마 얼굴을 보여줘…. 알았지?"
〈사랑밭 새벽편지〉 이재중, 2003년 11월 6일

거절당한 기도

사람이 받는 스트레스와 좌절감 중 제일 심한 것이 바로 가족의 죽음입니다. 우리는 이 두 가정의 이야기를 통하여 그 사실을 쉽게 접할 수 있습니다. 그런 사실은 목사님들도 예외가 아닙니다. 우리나라 교계 원로 중 한 분이신 김준곤 목사님을 아실 것입니다. 그 분은 1958년에 한국대학생선교회를 창립하신 후 일평생 대학교선교와 민족복음화를 위하여 진력하신 큰 별과 같은 분이십니다.

그 분께도 자녀의 죽음을 눈앞에서 볼 수 밖에 없는 치열한 고통이 있었습니다. 사랑하던 딸 신희가 소천한 후 김목사님은 〈딸의 죽음, 그 존재의 제로점에서〉(순출판사)라는 책에서 그 당시를 이렇게 기록하고 있습니다.

"~ 나는 신희의 신앙을 준비시켜야겠다고 마음먹고 있었던 터라 이때다 싶어 말을 꺼냈다. '신희야, 너 주님 만날 준비를 해야 한다. 그리고 네 남편과 두 딸에게 남길 말도 녹음해둬야 하겠다. 네 딸들의 양육은 조금도 염려마라.(중략) 신희가 고통을 참는 것을 보면 이마에 식은땀이 배고 두 발과 두 손목을 비틀고 온 몸을 비틀며 주님을 부른다. 나중에는 신희는 누워서 기도하고 나와 내 아내는 끊임없이 신희의 손목을 잡고 신음 같은 기도를 올렸다. 신희가 토할 때마다 나는 내 죄를 창자로부터 토하였고 자나 깨나, 앉으나 서나 주님과 신희를 번갈아 부르며 숨 쉬

듯 기도했으나 내 생애의 가장 애절한 기도는 무참히 거절당하
였다."

　우리 주위에 사랑하는 사람을 먼저 보내고 힘들어 하는 분들이
계십니다. 사랑하던 아내를, 남편을, 자식을, 부모님을, 애인을,
친구를…. 그리고 먼저 이 세상을 떠나지는 않았지만 가족 그 누
구의 영육간의 아픔과 괴로움과 외로움으로 인하여 힘들어 하는
분들이 계십니다. 혹은 외국으로, 감옥으로, 군대로, 중환자실
로, 암센터로…. 또한 누구에게도 말하고 싶지 않은 가족의 일로
고통당하는 분들을 향하여 우리들이 가져야 할 경건이 있습니
다.

　그것은 우리들의 마음과 언행에서 비워야 할 것이 있고 채워야
할 것도 있다는 것입니다. 비워야 할 것은 비판과 수군거림의 말
입니다. 아무리 자신의 판단이 옳은 것이라고 해도 안 됩니다.
받은 상처를 다시 한 번 송곳으로 후비는 것이 되기 때문입니다.
반면 채워야 할 것은 위로와 격려의 말입니다. 행동입니다. 즉
편지 한 통, 문자 하나, 전화나 심방, 식사초대, 그리고 따뜻한
포옹이나 악수가 진통제가 될 수 있기 때문입니다.

　이런 비움과 채움이 우리들에게 있어야 할 것은 우리들도 그런
아픔을 당할 수 있는 가능성이 늘 있기 때문입니다. 그리고 우리
예수님 곁에는 늘 그런 아픔과 상처가 많은 분들이 계셨기 때문

입니다. 또한 자신도 그런 비판과 수군거림을 받을 수 있을 때가 생각보다 빨리 다가오기 때문입니다. 궁극적으로 우리들은 하나님의 자녀요 주님의 제자이기 때문입니다.

주님은 우리에게 말씀하십니다. “할 수 있거든 너희로서는 모든 사람과 더불어 화목하라”(롬 12:18). “그러므로 남을 판단하는 사람아, 누구를 막론하고 네가 핑계하지 못할 것은 남을 판단하는 것으로 네가 너를 정죄함이니 판단하는 네가 같은 일을 행함이니라”(롬 2:1). 기뻐하는 자로 같이 기뻐하고 우는 자로 같이 울 줄 알아야 합니다. 그것만이 교회와 교인이 세상과 다른 거의 유일한 흔적입니다.

성경적인 스트레스 해결법

야곱이 세일 땅 에돔 들에 있는 형 에서에게로 자기보다 앞서 사자들을 보내며 그들에게 명령하여 이르되 너희는 내 주 에서에게 이같이 말하라 주의 종 야곱이 이같이 말하기를 내가 라반과 함께 거류하며 지금까지 머물러 있었사오며 내게 소와 나귀와 양 떼와 노비가 있으므로 사람을 보내어 내 주께 알리고 내 주께 은혜 받기를 원하나이다 하라 하였더니 사자들이 야곱에게 돌아와 이르되 우리가 주인의 형 에서에게 이른즉 그가 사백 명을 거느리고 주인을 만나려고 오더이다 야곱이 심히 두렵고 답답하여 자기와 함께 한 동행자와 양과 소와 낙타를 두 떼로 나누고 이르되 에서가 와서 한 떼를 치면 남은 한 떼는 피하리라 하고 야곱이 또 이르되 내 조부 아브라함의 하나님, 내 아버지 이삭의 하나님 여호와여 주께서 전에 내게 명하시기를 네 고향, 네 족속에게로 돌아가라 내가 네게 은혜를 베풀리라 하셨나이다 나는 주께서 주의 종에게 베푸신 모든 은총과 모든 진실하심을 조금도 감당할 수 없사오나 내가 내 지팡이만 가지고 이 요단을 건넜더니 지금은 두 떼나 이루었나이다 내가 주께 간구하오니 내 형의 손에서, 에서의 손에서 나를 건져내시옵소서 내가 그를 두려워함은 그가 와서 나와 내 처자들을 칠까 겁이 나기 때문이니이다 주께서 말씀하시기를 내가 반드시 네게 은혜를 베풀어 네 씨로 바다의 셀 수 없는 모래와 같이 많게 하리라 하셨나이다 (창세기 32:3~12)

스피드와 스트레스

현대를 한마디로 정의한다면 스피드와 스트레스의 시대라고 말할 수 있습니다. 변화의 속도가 너무 빨라 웬만한 사람들은 적응하기 참 어려운 시대입니다. 그래서 현대의 역사 변동의 속도는 고대에 비해 약 100배나 빠르다고 합니다. 온 동네 사람들이 저녁 무렵이 되면 TV 수상기가 있는 한 가정에 다같이 모이던 시절이 바로 얼마 전 같은데 이제는 이름도 생소한 DMB 시대가 되었습니다. 언제, 어디서 그 어떤 순간에서도 TV를 시청하며 정보를 얻을 수 있는 시대가 되었습니다. 그런 변화의 시간이 고

대에 비해서는 번개처럼 빨라졌습니다.

모든 것이 빨라지는 스피드의 시대에 살기에 스트레스를 옛 고대 사람들보다 덜 받을 것 같으나 실은 그 반대입니다. 세상은 점점 좋아지고 있으나 동시에 점점 나빠지고 있다는 것입니다. 스피드 시대는 우리를 좀 더 물질적으로 만들고 있습니다. 성공 지향적인 문화요, 개인주의적인 환경에 갇히게 하고 있습니다. 인격보다는 기능을, 감정보다는 이성을, 지혜보다는 정보를, 질보다는 양을 추구하는 세상이 되고 말았습니다.

그런 틈바구니 속에서 현대인들은 각종 스트레스에 시달리고 있습니다. 미국의 데이비스 연구소는 현대인들의 스트레스의 원인을 조사하여 발표하였습니다. 그 종류가 163,342 가지나 된다고 하는데 솔직히 믿어지지 않으며 또 그 종류의 양과 다양함 때문에 저는 다시 스트레스를 받고 말았습니다. 그러나 우리들을 괴롭히는 각종 스트레스 원인들 중 최고의 원인을 성경 본문은 예측할 수 없는 자신의 미래를 바라보기 때문이라고 지적하고 있습니다.

본문에는 야곱이라는 인물이 등장합니다. 그는 우리들 자아상의 모델입니다. 약 20년 전, 차자보다 두배나 더 상속권이 있는 장자의 축복권을 차지하기 위해 형님과 아버님을 속였던 불량 아들이요, 동생이었습니다. 그러나 완전범죄가 그 어디에 있겠습니까? 그 악한 계획은 결국 탄로가 났으며 급히 광야로 도망하고 말았습니다. 기약 없는 광야생활 속에서 결국 자신의 죽음의 검은 그림자를 보게 되었는데 다행히 외삼촌 라반의 집으로 들어가게 되어 생명을 유지하게 되었습니다.

그 곳에서 20년 간 종살이를 하였습니다. 그렇게 의식주를 해결한 것도 감사한데 20년 동안 하나님께서는 그를 큰 부자로 만드셨습니다. 하나님께서 원하시면 최악의 상황에서도 최상의 결과를 선물로 받을 수 있음을 야곱은 증거하고 있습니다. 또한 시 24편 1절은 "땅과 거기에 충만한 것과 세계와 그 가운데에 사는 자들은 다 여호와의 것이로다"라고 말씀하고 있습니다.

이 세상의 모든 것과 사람을 주관하시는 하나님께서 원하시면 여러분이 당하고 있는 최악의 상황 속에서도 피할 길을 주실 것입니다. 회복을 주실 것입니다. 영육간에 다시 채워주실 것입니다. 최상의 결과를 주실 것입니다. 그렇게 하나님을 하나님답게 믿고 따르는 성도에게만 말입니다.

그러나 그렇게 거부가 된 야곱이지만 그의 노년에 특별한 소망 한 가지가 있었으니 그것은 고향 땅으로 돌아가 노년을 보내다가 죽어 하나님 나라에 들어가는 것이었습니다. 미국에 이민 간 어르신들 중에 적지 않은 분들이 여건만 되면 한국에 다시 와서 삶을 사시다가 이 곳에 묻히고 싶어 하듯이 말입니다. 시간이 지나면 지날수록 그 마음을 포기할 수 없었습니다. 결국 자신의 가족과 모든 소유를 이끌고 고향 땅으로 출발하는 결단을 내렸습니다.

이제는 멀리 고향이 보입니다. 가슴이 벅찹니다. 그러나 그 순간 거부할 수 없는 두려움과 답답함이 그를 엄습하기 시작하였습니다. 즉 강박관념, 스트레스를 크게 받았습니다. 두려움과 답답함, 그로 인한 초조함과 불안감 그리고 우울증세가 나타나기 시작하였습니다. 왜 그렇습니까? 예측할 수 없는 자신과 가족, 그리고 소유의 미래 때문이었습니다. 아직도 형님 에서가 자신을 증오하고 있다는 소문을 들었기 때문입니다. 자신이 과거에 행한 잘못이 있기 때문입니다. 형님이 가정군사를 데리고 자신을 치면 끝장이라는 예상 때문이었습니다. 이런 삶의 큰 웅덩이가 앞을 가로 막고 있을 때 야곱은 그 상황을 어떻게 처리하고 극복하였습니까?

1. 사람을 의지하는 방법을 선택하였으나 실패하였습니다.
평소에 신뢰하던 종들을 선발하여 풍부한 화해선물을 준비하였습니다. 그리고 엄청난 선물을 형님 에서에게 보내 자신을 향한 상한 마음이 치유되기를 소망하였습니다. 그러나 들려오는 소식은 형님께서 막강한 가정군사 400명을 거느리고 자신을 향하여 진격하고 있다는 것이었습니다. 하나님이 아니라, 먼저 형님을 의지해 보려고 하였으나 결국 실패하고 말았습니다. 하나님을 믿는 것도 좋지만 일단 보이는 사람을 잘 설득하고 화해하면 내가 생각한 일이 더 잘 될 것이라는 성도의 마음과 삶을 향한 경계의 말씀입니다.

사람은 사랑해야 될 대상이지 의지해야 할 피난처는 아닙니다. 제일 친하였던 사람이 이해관계에 따라 제일 큰 원수로 변하는 것이 동물의 왕국인 이 사회의 법칙입니다. 그럼에도 불구하고 사람을 증오하기보다는 끝까지 사랑하는 것이 우리 성도들의 의무요 특권입니다. "유월절 전에 예수께서 자기가 세상을 떠나 아버지께로 돌아가실 때가 이른 줄 아시고 세상에 있는 자기 사람들을 사랑하시되 끝까지 사랑하시니라"(요 13:1). 누구를 끝까지 사랑했다는 말씀입니까? 조만간 자신들에게 고통의 날, 불리할 날이 이르면 결국 미련 없이 예수님 곁을 떠날 열 두 제자들을 끝까지 사랑하셨습니다. 의심 투성이의 도마도 사랑하셨고 위기의 순간 자신을 철저히 모른다고 부정하다가 자신을 저주할 베드로도 끝까지 사랑하셨습니다. 또한 자신을 은 30개에 팔아넘길 가룟유다도 끝까지 사랑하셨습니다. 이러한 주님의 영성의 그림자라도 밟아 볼 수 있는 인격이 되었으면 합니다.

2. 현실도피 방법을 선택하였으나 역시 실패하였습니다.

자신의 처자식들과 소유물을 두 떼로 나누었습니다. 그래서 형님과 그의 군사들이 쳐 들어오더라도 한 떼 정도는 구하고 싶었습니다. 그래서 모든 처자식과 양과 소와 약대를 두 떼로 나눈 후 멀리 피하게 하였습니다. 그 결과가 예상대로 되었습니까? 좋았습니까? 아닙니다. 계속 심히 두렵고 답답하였다고 고백하였습니다. 스피드를 내어 문제를 빨리 제거하려 하였으나 주어진 현실을 통한 강박관념 즉 스트레스에서 벗어 나지는 못하였습니다.

그렇습니다. 현실도피 방법도 고민 해결의 좋은 방법은 아닙니다. 혹 성도님들 중에 지난 날 삶이 자신을 너무 힘들게 만들어 신앙과 봉사생활의 의미를 상실하였던 분이 계실 것입니다. 그래서 잠시 교회출석을 중단하였던 분, 봉사사역을 포기하였던 분, 심지어 상처가 커서 헌금생활에 대하여 의문을 품었던 분, 때론 성도들을 만나는 것이 싫어서 마치 대인기피증 걸린 사람처럼 은둔생활을 하셨던 분, 심지어 타 종교로 개종하는 것을 심각하게 생각하였던 분, 자살을 구체적으로 결심하였던 분들이 계실 것입니다.

그렇게 하였더니 스트레스가 물러갔습니까? 삶의 기쁨이 회복되었습니까? 얽매였던 그 무엇에서 해방된 환희가 있었습니까? 그래서 새로운 간증과 자랑거리가 생겼습니까? 아마도 아닐 것입니다. 도리어 삶의 고통과 불안, 초조와 답답함이 더했을 것입니다. 그리고 다시 하나님과 교회, 그리고 교회사역으로 돌아온 후 '야, 이제야 살 것 같다!' 혹은 '정작 이렇게 돌아오는 결정을 내릴걸, 후회되네!' 하셨을 것입니다.

왜냐하면 송충이는 솔잎을 먹어야 한다는 말이 있듯이 성도들

은 하나님의 자녀라는 신분과 위치를 일부러 회피하려고 할 때
더 큰 고통을 당할 수 있기 때문입니다. 도피하면 할수록 더 두
려움과 막연한 불안에 휩싸이기 때문입니다. 그리고 이제는 이
렇게 고백할 수밖에 없을 것입니다. "내가 주의 영을 떠나 어디
로 가며 주의 앞에서 어디로 피하리이까 내가 하늘에 올라갈지
라도 거기 계시며 스올에 내 자리를 펼지라도 거기 계시니이다
내가 새벽 날개를 치며 바다 끝에 가서 거주할지라도 거기서도
주의 손이 나를 인도하시며 주의 오른손이 나를 붙드시리이다"
(시 139:7~10).

　주어진 현실을 피하지 마십시오. 도리어 어느 순간, 장소, 그리
고 어느 문제 앞에 서있는 나를 졸지도 아니하시고 주무시지도
않으시며 지키시기를 원하시는 하나님을 적극적으로 곁에 모시
기를 주저하지 말아야 합니다. 피하지 말고 하나님을 의지하십
시오. 하나님이 해답이십니다. 하나님이 열쇠이십니다. 그렇기
에 더욱 하나님을 의지해야 합니다. 아니 하나님만 의지하는 표
현을 해야 합니다. 그 표현 방법을 야곱은 기도로 결정하였습니
다. 사람 의지하다 실패를 경험한 야곱, 현실을 도피하다가 더
두렵고 답답한 현실을 체험하였던 야곱이 마지막으로 선택한 방
법은 기도였습니다. 그리고 성공하였습니다.

3. 하나님께 기도할 때 문제는 해결되기 시작하였습니다.
　야곱의 기도는 광야기도였습니다. 이제는 아무 것, 그 누구도

의지할 수 없는 광야에서 오직 하나님만 바라보는 기도였습니다. "내가 주께 간구하오니 내 형의 손에서 에서의 손에서 나를 건져내시옵소서 내가 그를 두려워하옴은 그가 와서 나와 내 처자들을 칠까 겁이 나기 때문이니이다." 그 때 드디어 하나님께 응답을 받습니다. 해결의 은총을 받습니다. 그 증거로 하나님께서 기도의 사람, 야곱에게 언약의 말씀을 주셨습니다. "주께서 말씀하시기를 내가 반드시 네게 은혜를 베풀어 네 씨로 바다의 셀 수 없는 모래와 같이 많게 하리라 하셨나이다."

야곱의 기도는 홀로 남아 드린 기도였습니다. 날이 새도록 드린 기도였습니다. 하나님께서 축복해 주시지 않으면 결코 보내지 않겠다는 기도였습니다. 강청하는 기도였습니다. 간절한 기도였습니다. 생사를 걸어 놓은 기도였습니다. 이 기도를 들어주시면 난 살게 될 것이요, 들어주시지 않으면 이미 죽은 자처럼 살아가게 될 것이라는 결단의 기도였습니다.

하나님은 작정하고 끈질기게 기도하는 성도를 기뻐하십니다. 그러므로 쉽게 낙망치 말아야 합니다. 결코 물러서지 말아야 합니다. 하나님이 주실 최선의 때와 방법을 기다려야 합니다. 기도는 기다림입니다. 그런 기도의 방법을 야곱은 알고 있었습니다. 부모된 성도들도 자녀에게 그러하듯이 하나님도 강청하는 기도를 드리는 자신의 자녀를 외면할 수 없는 분이십니다. "내 주여 뜻대로 행하시옵소서 온 몸과 영혼을 다 주께 드리니 이 세상 고

락간 주 인도하시고 날 주관하셔서 뜻대로 하소서"라는 찬양의 가사처럼 기도하십시오. 그러면 점점 커져 가는 기도소리, 점점 쌓여가는 기도소리는 마치 하나님께 들려지는 큰 종소리와 같게 될 것입니다.

그래서 대설교가 스펄전 목사님은 이런 말씀을 하셨습니다. "기도는 아래서 줄을 당겨 하늘 위에 있는 큰 종을 하나님 귓전에 울리게 하는 것과 같습니다!" 기도가 간절할수록 큰 종의 소리는 더 커질 것입니다. 기도가 처절하면 처절할수록, 시간이 길어지면 길어질수록, 응답을 기다리며 포기하지 않으면 않을수록 하나님 귓전에 들려지는 큰 종소리는 더 쟁쟁할 것입니다. 그 때 사람들은 귀찮고 성가셔서 그 무엇인가를 한 가지를 들어 줄 것이지만, 하나님은 기도하는 모습과 중심이 너무 예뻐서 그 성도의 기도를 자원하여 들어주실 것입니다. 아내(부모, 할아버지 할머니, 자식, 시어머님, 며느리, 성도)가 대신하여 드리는 기도를 외면하지 못할 것입니다.

야곱의 기도제목, 장소, 시간을 정해 놓고 하는 기도에 하나님은 감동하셨습니다. 그래서 야곱의 기도를 응답하셨습니다. 살기등등하며 쳐들어왔던 에서의 마음이 봄눈 녹듯 녹고 말았습니다. 20년 한을 품고 왔던 형 에서가 기도의 사람 야곱을 보는 순간 본인도 감당하기 어려울 정도로 야곱을 사랑하는 마음으로 변하고 말았습니다. 칼을 뽑지 못하고 동생에게 팔을 벌렸습니다. 품에 안았습니다. 그리고 눈물을 흘렸습니다. 사나이는 눈물만 아니라 그 무엇도 흘리지 말라고 고속도로 남자 휴게소에 쓰여 있는데도 말입니다.

"자기는 그들 앞에서 나아가되 몸을 일곱 번 땅에 굽히며 그 형 에서에게 가까이 가니 에서가 달려와서 그를 맞이하여 안고 목을 어긋맞추어 그와 입맞추고 서로 우니라"(창33:3,4). 하나님이 기뻐하는 간절한 기도를 드리니 전혀 상상할 수 없는 일이 눈앞에 벌어진 것입니다. 기적이 일어난 것입니다. 하나님의 축복을 받게 된 것입니다. 그러므로 기도 쉬는 죄를 절대 범치 않아야 합니다.

교회에서 기도하고 삶 속에서 무시로 성령 안에서 기도하는 것이 좋습니다. 결국 통쾌한 일이 있을 것입니다. 심지어 예배시간 중 마지막 축복기도 시간 전에 가는 것도 삼가는 것이 좋습니다. 축도를 소중히 여겨야 합니다. 믿음으로 받아야 합니다. 그리고 기회가 주어질 때 마다 축복기도, 안수기도, 심방기도를 받는 것이 좋습니다. 기도하고 기도 받는 것을 즐겨하면 좋은 일이 있을 것입니다. 야곱이 이스라엘로 개명 되듯이 신앙과 세상친구들의 자신을 향한 평가가 바뀔 것입니다. 브니엘의 축복, 즉 하나님을 뵈옵는 것 같은 은총과 그 분의 손길과 눈길을 체험하게 될 것입니다. 그로 인하여 더 큰 믿음의 세계로 영적 헤엄을 쳐가는 믿음의 군사들이 되시기 바랍니다.

너를 고난의 풀무에서 택하였노라!

보라 내가 너를 연단하였으나 은처럼 하지 아니하고 너를 고난의 풀무 불에서 택하였
노라
(이사야 48:10)

채찍을 드실 일을 덜 하는 것이 지혜입니다.

한 임금님이 참으로 사랑하는 애완견이 있었습니다. 그런데 이 개가 할 수 있는 것이라고는 고개를 끄덕이는 것 뿐이었습니다. 그래서 어느 날 임금님이 이런 공고문을 내었습니다. "만일 이 개에게 도리도리를 시키는 자는 큰 상을 내릴 것이다!"

임금님의 말씀이 전해지자 많은 사람들이 상금을 얻기 위해 몰려왔습니다. 그러나 모두 실패하고 말았습니다. 이제 마지막으로 한 사람이 남았는데 임금님이 "혹 자네는 이 개를 도리도리하게 할 수 있는가?" 질문하자 자신 있게 대답을 하는 것이었습니다. "물론입니다. 지금 당장에 보여드릴 수 있습니다. 폐하!"

"그래? 그럼 어서 시작해 보게나!" 그러자 그 사람은 자신의 가방을 열고 벽돌 한 장을 꺼내 들었습니다. 그리고 벽돌로 개를 힘껏 내리쳤습니다. 감히 임금님의 애완견에게 그런 무례한 짓

을 할 수 있는 사람이 어디에 있겠습니까? 개도 너무 놀라 깨갱 거리면서 재빨리 임금님 뒤로 숨는 것이었습니다.

그러자 그 사람은 위엄 있는 표정으로 그 개에게 가까이 다가 서서 이렇게 묻는 것이었습니다. “너, 또 맞을래?” 그 때 개… ‘도리 도리!’ 드디어 대성공을 한 것입니다. 임금님은 자신의 애 견이 그렇게 맞은 것에 대하여 기분이 그리 좋지 않았지만 그래 도 약속한 상금을 그 사람에게 주었습니다.

그런데 며칠이 지난 후 그 개에게 부작용이 나타났습니다. 이 제는 그 녀석이 도리도리만 할 줄 알지 끄덕끄덕은 전혀 하지 못 하는 것이었습니다. 임금은 다시 명령을 내렸습니다. 자신의 애 견에게 끄덕 끄덕을 시키는 사람은 도리도리를 하게 한 사람보 다 더 후한 상금을 내리겠다고 말입니다. 그러자 며칠 전 상금을 받았던 그 사람이 또 찾아왔습니다. 그리고 이런 말 한 마디를 한 후 또 큰 상금을 챙겨갔다는 것입니다. “야, 너 나 알지?”

징벌은 죄에 알맞아야 한다는 것은 일반적인 정설입니다. 하나 님의 우리를 향한 징벌도 우리들의 죄악의 양과 질에 비례합니 다. 만일 우리들이 하나님이 싫어하시는 일을 고집스럽고 뻔뻔 하게 계속 반복한다면 하나님께서 결국 채찍을 드실 것입니다 (히 12:6,9 계 3:19). 물론 회개하면 죄는 용서하시지만 죄책을 주 실 것입니다. 상처는 남게 됩니다. 지난 날 너무나 무지할 정도 로 하나님께서 싫어하시는 ‘끄덕끄덕’ 을 고집했기 때문입니다.

그래서 채찍으로 결국 '도리도리' 하게 만드실 것입니다. 그러나 우리들은 개나 돼지와 다른 하나님의 형상대로 지으심을 받은 성도입니다. 짐승들은 맞은 후에야 바뀌지만 성도는 그 전에 결단과 변화를 보일 수 있습니다. 하나님 자녀는 그렇게 할 수 있습니다. 물론 하나님은 때리시고 어루만지시지만 굳이 벽돌로 맞고 서야 정신을 차리는 너무 큰 희생을 자초할 필요가 있겠습니까?

그럼에도 불구하고 우리는 하나님의 채찍을 맞으면서도 잠시 머뭇거리다가 개가 토하였던 곳을 다시 가듯이 얻어맞을 일을 자행합니다. 그런 잘못을 이제는 반복적으로 행하지 않기 위해 말씀과 성령으로 더 무장하시기를 바랍니다. 더욱 하나님 중심, 교회 중심, 성경 중심으로 사시는 신령한 포로가 되시기를 바랍니다. 결국에는 하나님께서 또 채찍을 드실 일을 덜 하는 것이 성결이요, 성화입니다. 하나님은 성도들을 향해 은혜와 복을 주시는 것 만큼 우리를 향하여 원하는 것이 있습니다. 그것이 곧 성결이요, 성화입니다. 이 진리를 깨닫는 성도에게는 다음과 같은 은혜가 임하게 될 것입니다.

때론 하나님의 채찍이 연단이 되고 복이 될 수 있습니다.
원래 우리들의 모습과 신앙이 하나님 앞에서 땡감과 같았습니다. 감 중에 땡감이 있습니다. 땡감은 매우 단단하고 떫습니다. 그리고 맛도 정말 못 먹을 정도입니다. 그러나 땡감은 세찬 비바람을 견디어 내고 따가운 햇살을 감내하며 서서히 익어 갑니다.

그런 과정에는 칠흑 같은 어두운 밤에 내리는 찬 서리를 수십 번 맞으며 이겨내야 합니다.

또한 수많은 까치와 수없는 벌레들의 끊임없는 공격을 이겨내야 합니다. 그러면 때가 차매 드디어 단맛을 내는 홍시가 되는 것입니다. 많은 사람과 특히 연세 드신 분들에게 큰 사랑을 받는 가치 있는 과일이 되는 것입니다. 인생살이도 마찬가지입니다. 자신의 외부의 힘든 환경, 힘들게 하는 사람, 신앙적 유혹 및 심리 변화 등 여러 어려움을 잘 이겨내야 합니다. 즉 연단을 잘 이겨내야 합니다.

하나님의 자녀에게는 결코 시련과 연단이 없다고 말한다면 잘못된 신앙일 것입니다. 도리어 성도이기에 더 고통을 당할 수 있습니다. 세속에 살면서 세속화 되지 않으려고 삶의 몸부림을 치다보면 인생 상처가 비기독교인보다 더 많고 깊을 수 있습니다. 그러나 캄캄한 밤이 없으면 낮의 밝음의 가치를 잘 이해할 수 없습니다. 즉 삶의 아픔을 경험하지 못하였던 분은 인생의 참된 행복도 잘 느끼지 못할 수 있습니다.

성경에는 '연단' 이란 단어가 나옵니다. 쇠를 녹여 불순물을 제거한다는 뜻입니다. 이는 용광로에서 순금을 추출하는 과정을 상징해 주고 있는 단어입니다. 성도들도 연단을 받을 때가 있습니다. 즉 용광로의 뜨거운 불같은 시험을 받을 때가 있습니다.

그러나 그런 삶의 고통과 아픔을 통하여 성도는 인격, 성품 및 하나님을 바라보는 눈, 예배, 주일성수, 헌금에 대한 자세 및 인생관과 내세관이 성숙한 단계에 이르게 되는 것입니다.

그래서 고난은 우리를 향한 하나님의 확성기와 같다는 말씀도 있습니다. 성도에게는 병들지 아니하고는, 망하지 않고는, 혹은 사랑하는 사람의 치열한 고통당함을 보지 않고는 도달할 수 없는 신앙의 단계가 있기 때문입니다. 성도에게는 고통을 당하지 않고는 들을 수 없는 하나님의 음성이 있기 때문입니다. 성도에게는 연단을 받지 아니하고는 결코 느낄 수 없는 하나님의 임재가 있기 때문입니다. 연단을 통한 유익을 발견하는 것이 참된 지혜요, 성화입니다.

찬송가 405장을 작사한 존 뉴톤(John Newtown)은 원래 야비하고 잔인한 노예 무역상이었습니다. 그가 탄 노예 수송선 그레이하운드는 오래되고 낡은 배였습니다. 어느 날 그 배가 사고를 당해 물속으로 가라앉기 시작하였습니다. 이미 배의 돛은 떨어져 나갔고 뱃전은 함몰되었습니다. 드디어 갑판 옆과 위로 바닷물이 노도와 같이 쏟아졌으며 당연히 선원들과 노예들은 북대서양 깊은 바다 속으로 익사하게 되었습니다.

항상 하나님을 모독하는 말을 서슴지 않았던 뉴톤이었습니다. 또한 예수님을 믿는 사람이라면 이유 없이 그의 신앙과 삶을 무참히 파괴하는 말과 행동을 서슴지 않았던 뉴톤이었습니다. 그러나 죽음이 바로 앞으로 다가온 그 배에서 그는 결국 하나님을 만나게 됩니다. 그 분의 임재를 경험하며 무릎을 꿇고 말았습니다. 그리고 진심으로 회개하였습니다. 하나님께서 그의 기도를 들어주셔서 주위에 있는 배와 사람들을 통하여 기적적으로 구출해 주었습니다. 그 후 뉴톤은 평생 1748년 8월 10일을 잊지 않고 이렇게 이야기 하였습니다. "그 날은 나 같은 죄인을 구원하신 놀라운 은혜를 주신 날, 그리고 내가 처음으로 하나님을 믿은 날"이라고 고백하며 기념하였습니다. 그의 고백을 토대로 그 유명한 찬송가 305장(통 405장)이 작시된 것입니다. "나 같은 죄인 살리신 주 은혜 놀라워 잃었던 생명 찾았고 광명을 얻었네 이제껏 내가 산 것도 주님의 은혜라 또 나를 장차 본향에 인도해 주시리."

삶의 연단은 결국 유익하게 됩니다.

야곱은 고통의 얍복 강가에서 참 신앙과 헌신을 다짐하게 되었습니다. 모세는 고난과 외로움의 미디안 광야에서 40년 연단을 받았기에 출애굽의 지도자로 사용 받게 되었습니다. 한나는 자녀를 가질 수 없는 극렬한 아픔을 기도로 잘 견디었기에 응답의 축복을 받게 되었습니다. 다니엘은 포로 생활이라는 비참한 처지를 잘 이겨냈기에 고향 예루살렘으로 돌아가는 은총을 받게 되었습니다.

베드로는 주님을 부인한 후 당한 심적 고통을 이겨낸 후 성령

충만한 하나님의 사람이 되었습니다. 사도 바울도 다메섹 도상
의 회심과 그로 인한 고통 중에 믿음을 잘 지키었기에 대 사도
바울이 되었던 것입니다. 그러므로 고통에는 우리를 향한 하나
님의 뜻이 있습니다. 신약시대 성도의 그림자인 구약의 선민 이
스라엘을 하나님께서 어떻게 양육하셨습니까? "보라 내가 너를
연단하였으나 은처럼 하지 아니하고 너를 고난의 풀무 불에서
택하였노라"(사 48:10). 즉, 하나님은 고통과 연단을 통하여 성도
를 택하시고 양육하시고 성결케 하시고 사용하시는 것입니다.

우리가 고통스러운 삶의 연단을 잘 이겨내면 첫째, 신앙의 불
순물이 제거됩니다. "그가 은을 연단하여 깨끗하게 하는 자 같이
앉아서 레위 자손을 깨끗하게 하되 금, 은 같이 그들을 연단하리
니 그들이 공의로운 제물을 나 여호와께 바칠 것이라"(말 3:3).

둘째, 정결해져가는 성화를 체험하게 될 것입니다. "많은 사람
이 연단을 받아 스스로 정결하게 하며 희게 할 것이나 악한 사람
은 악을 행하리니 악한 자는 아무것도 깨닫지 못하되 오직 지혜
있는 자는 깨달으리라"(단 12:10). 물론 연단 받은 후에도 죄의
유혹을 받을 수 있습니다. 또 그 죄를 범할 수 있습니다. 그러나
이제는 금방 하나님께 돌아오게 됩니다. 즉, 지난날처럼 그 곳에
서 오래 뒹굴고 즐기지 않게 될 것입니다.

셋째, 선한 것과 악한 것을 구별하며 결단을 내릴 수 있을 것입

니다. "단단한 음식은 장성한 자의 것이니 그들은 지각을 사용함으로 연단을 받아 선악을 분별하는 자들이니라"(히 5:14).

넷째, 소망을 이루게 될 것입니다. "다만 이뿐 아니라 우리가 환난 중에도 즐거워하나니 이는 환난은 인내를, 인내는 연단을, 연단은 소망을 이루는 줄 앎이로다"(롬 5:3,4). 그래서 심지어 예수님도 십자가의 고통과 연단을 잘 이기셨기에 부활의 면류관과 승천의 회복을 체험하셨습니다.

이렇게 될 수 있는 것은 성도를 향한 하나님의 사랑 때문입니다. 하나님은 성도가 '무엇을 했느냐' 때문이 아니라 성도가 '어떤 사람이냐?' 라는 사실 때문에 사랑하십니다. 함께 하십니다. "일어나 함께 가자!" 말씀하십니다. 종은 자신에게 있는 기능과 열심 때문에 고용됩니다. 그러나 자녀는 관계 때문에 용납됩니다. 하나님 아버지와 자녀인 우리들의 부자지간 때문에 결국 좋은 일이 있을 줄 알고 미리 감사하고 미리 찬양하시기를 원합니다. 하나님에게는 그런 기대를 가지고 있는 자녀들을 용납하시는 것이 결코 부담이 아닙니다. 도리어 기쁨이요 즐거움이요 은근히 기대하시던 일이기 때문입니다.

담대하라!

강하고 담대하라 너는 내가 그들의 조상에게 맹세하여 그들에게 주리라 한 땅을 이 백성에게 차지하게 하리라
(여호수아 1:6)

성경에 자주 나오는 단어 중 '담대함' 이란 말은 우리들에게 익숙합니다. 그런데 헬라어로 담대함이란 단어에는 최소 3가지의 의미를 담고 있습니다.

1. 진리를 선포하는 담대함입니다.

하나님께서 모세의 죽음 후 여호수아에게 담대함을 명하셨습니다. 자신에게 담대하고 다른 사람들에게 담대함을 선포하라 하였습니다. 하나님의 말씀은 그분께서 말씀하신대로 이루어질 것이기 때문입니다. 물론 큰 지도자 모세가 떠났기 때문에 현재의 상황과 여건이 최악이지만 하나님께서 여호수아의 조상 때부터 맹세로 언약한 가나안 땅을 결국 얻을 것이라는 진리를 담대히 선포해야 합니다.

그것이 하나님을 하나님 되게 하는 것입니다. 하나님은 자기 백성에게 언약한 말씀을 기필코 이루시는 하나님이십니다. 다만 하나님의 율법책을 네 입에서 떠나지 말게 하며 주야로 그것을

묵상하여 그 가운데 기록한대로 다 지켜 행하기를 힘쓰면 결국 네 길이 평탄하고 형통하게 될 것이라는 하나님의 진리를 담대히 선포하라고 하셨습니다. 선포하면 선포한대로 될 것입니다. 그 이유는 선포한 내용이 하나님께서 말씀하시고 예언하신 내용이기 때문입니다.

지금도 하나님께서 성경과 설교, 그리고 성령을 통하여 우리에게 전달해 주시는 진리가 있습니다. 세상 끝날까지 함께하시겠다는 주님의 언약 안에서 담대하라는 것입니다. 담대함에 대하여 깊은 깨달음이 있어야 합니다. 그 진리에 대한 믿음이 있어야 합니다. 그리고 그 진리대로 살아가는 결단이 있어야 합니다. 체험을 얻게 될 것입니다. 그 결과 자신이 소유한 하나님 안에서의 담대함의 진리와 체험이 너무 소중하여 다른 사람들에게 그것을 입과 삶으로 전도하는 담대함이 있게 될 것입니다.

"또 나를 위하여 구할 것은 내게 말씀을 주사 나로 입을 열어 복음의 비밀을 담대히 알리게 할 것이니 이 일을 위하여 내가 쇠사슬에 매인 사신이 된 것은 나로 이 일에 당연히 할 말을 담대히 하게 하려 하심이라"(엡 6:19, 20). 혹 자신의 믿음과 교회생활의 열정이 식는 원인을 다른 사람이나 시험 들게 만든 상황에서 찾고 있습니까? 어리석은 행동입니다. 담대히 복음대로 믿고 담대히 복음을 전하지 않기 때문입니다. 구원받지 못한 영육과, 혹은 방황하는 영육에 대한 안타까운 심정과 심장을 서서히 상실해 가기 때문입니다.

저는 2008년 5월 28일에 인천기독병원에서 직원 경건예배를 인도하였습니다. 그날의 감동을 지금도 잊을 수 없습니다. 한 직원이 나와 대표기도할 때 재해로 고통당하는 미얀마와 중국 사람들을 위해 중보기도하던 중이었습니다. 그녀는 서서히 말을 잊지 못하였습니다. 그리고 결국 흐느끼며 더듬더듬 이렇게 기도하였습니다. "하나님 아버지, 저들의 비참함을 긍휼히 여기소서! 저들의 영혼을 불쌍히 여겨주옵소서! 그중 미얀마에 얼마 되지 않는 기독교인들의 영육을 보호해 주옵소서! 독재정권의 마음을 성령께서 움직여 주셔서 조속히 세계구호단체들이 들어가 아픔을 같이 하게 하옵소서!" 이런 종류의 기도를 드려보셨는지요? 한 영혼의 구원과 예수 안에서의 새로운 삶을 위해 그래도 한번은 흐느껴 기도해 보셨는지요? 그리고 내 믿음의 현주소를 파악하며 전도의 새로운 결단과 담대함을 선물로 받아야 할 것입니다.

스님에게 빗을 판 외판원처럼

집을 나가 잃어버린 강아지, 혹은 놀이 공원에서 잠시 길 잃은 자녀에 대한 안타까움과 찾아야겠다는 일념은 그리도 진한데 사랑하는 사람과 이 세상의 인생들이 구원받지 못하는 데는 별로 긴박감과 안타까움을 느끼지 못한다면 그곳에서 각종 영적질병이 찾아오고 말 것입니다. 복음증거와 복음이 증거되기 위한 삶

을 살아가는 데 담대함을 회복하는 계절이 되어야 합니다. 담대
하고 강하십시오! 신속하며 지혜로우십시오!

빗을 생산하는 작은 공장에 3명의 외판원이 열심히 일하고 있
었습니다. 하루는 사장님께서 그들에게 엉뚱한 주문을 하셨습니
다. 스님들에게 가서 빗을 팔아 수입을 올리라는 것이 아닙니까?
결과는 자명하지 않겠습니까? 다른 외판원보다 먼저 절에 다녀
온 사원은 "사장님, 예상대로였습니다. 스님들이 모두 머리를 밀
었기에 도리어 제가 웃음거리가 되었을 뿐입니다."

그런데 두 번째 다녀온 외판원은 놀랍게도 빗 수십 자루를 팔
고 돌아와 당당한 모습으로 이렇게 보고하였습니다. "스님들! 얼
굴을 뵈오니 정좌를 하시며 너무 오랫동안 앉아 계셔서 혈액순
환에 큰 문제가 생긴 것 같습니다. 만일 이 빗을 가지고 자주 머
리를 빗고 적당히 눌러주시면 혈액순환이 잘 될 뿐 아니라 합병
증도 억제할 수 있습니다. 이건 제 말이 아니라 서울의 유명한
의학박사님의 말씀입니다!"라고 말씀드렸더니 많은 분들이 구입
하였다는 것입니다.

그런데 세 번째 절에 다녀온 외판원은 더 놀랍게도 빗을 무려
수백 자루를 팔았습니다. 사장님이 크게 놀랐던 것은 주문도 많
이 받아왔다는 것입니다. 그는 그 비법을 이렇게 말하였다고 합
니다. "주지스님, 평안하셨는지요? 참 많은 신도들이 참배를 하

고 있네요. 주지스님께서 영력이 크신 모양입니다. 그런데 저들이 향을 태우다보면 자신의 머리에 그 재가 많이 묻게 되지 않습니까? 또한 이 곳이 산중이라 계곡을 타고 오는 바람이 강하여 신도들의 머리카락이 엉망이 되지 않습니까? 그 때 절에서 이 빗을 준비하였다가 그들에게 선물하면 너무 고맙게 생각하면서 앞으로 더 많이 찾아올 것이 분명합니다. 뭐 제가 장사하려는 것이 아니라 스님의 보시를 조금이라도 돕고 싶은 충정에…, 그리고 참! 우리 어머님도 절을 열심히 다니고 계시지요!"

전도는 마치 스님에게 빗을 팔듯이 해야 할 것입니다. 즉 담대함과 지혜가 필요한 하나님의 사역입니다. 그런데 그 용기는 하나님 말씀에서 기인되어야 합니다. "두려워하지 말라 나는 처음이요 마지막이니"(계1:17). 두려워말고 용기를 내십시오. 주님께서 성도님의 전도의 시작과 마침, 시도와 결과를 책임질 것이기 때문입니다. 또한 전도하는 내용과 지혜도 역시 말씀 속에서 얻어야 합니다. "그 때에 너희에게 할 말을 주시리니 말하는 이는 너희가 아니라 너희 속에서 말씀하시는 이 곧 너희 아버지의 성령이시니라"(마10:19,20). 용기를 내어 전도현장으로 나가면 성령님께서 자신을 통하여 그들에게 전할 말을 준비하실 것입니다. 그 말은 자신의 학력과 언어 구사력을 초월한 지혜로운 내용일 것입니다.

'군계일학'이란 무슨 뜻입니까? 우스개 소리로는 '군대에서는 계급이 일단 학벌보다 우선이다'입니다. 그러므로 고속철 역사 중 대구는 '내려도 대구… 안내려도 대구…' 일까요? 아닙니다. 내릴 땐 내려야 합니다. 그래야 정상입니다. 전도의 계절에는 전도하는 것이 정상입니다. 그래서 멀리 가서 이방사람 구원하는 선교사님들의 그 수고로운 경건을 조금이라도 경험하는 은총을 맛보셨으면 합니다. 물론 하나님께 영광을 돌리면서 말입니다.

이제는 감나무 밑에 앉아서 감 떨어지기를 기다리는 모습을 등 뒤로 던지고 전도하는 교회와 교인들에게 하나님께서 구원받고 축복받을 영혼을 보내 주심을 경험하기를 바랍니다. 전도하지 않는 아버지, 어머니는 역시 전도하지 않는 아들, 딸을 만들어 낼 수밖에 없습니다. 전도로 인해 받게 되는 담대함과 상급을 얻지 못한 부모는 결국 그런 자녀를 만들어내고 말 것입니다. 자녀 농사를 지으실 때 꼭 전도와 양육의 열매를 유산으로 남겨 주시기 바랍니다.

2. 하나님이 원하시는 큰 일을 행하는 담대함입니다.

선민에게 하나님이 원하시는 큰일은 여리고성을 무너뜨리며 약속의 가나안 땅을 점령하는 것입니다. 이를 위해 여호수아에게 필요한 것은 하나님의 말씀에 대한 신뢰를 갖고 담대히 전진하는 것입니다. 백성들에게 요구되는 것은 지도자 여호수아의 결단과 인도에 순종하며 동역하는 것입니다. 물론 가나안 칠 족속들과 수많은 자연적이며 전략적인 장애물이 많을 것이나 염려하지 말고 전진하라는 것입니다. 그 이유는 가나안 정복사역은 여호수아의 일이 아니라 하나님의 사역이기 때문입니다.

하나님의 큰 일을 하나님께서 팔짱 끼고 그저 구경만 하지 않을 것입니다. 하나님의 이름과 명예를 걸고 하나님께서 자신의 방법으로 이기게 할 것이니 절대적 믿음만 보이면 될 것입니다. 그러므로 가나안 정복 여부를 미리 부정적으로 예견하지 말아야 합니다. 이 사람 저 사람에게 자신의 부정적인 예단의 정당성을 인정받으려 하지 말아야 합니다. 하나님보다 앞서가는 언행을 조심해야 합니다. 하나님이 하나님 되시게 해야 합니다. 이스라엘 백성들과 심지어 여호수아도 그 하나님 사역의 조력자에 불과한 것입니다. 믿는 만큼 하나님께서 자신의 능력과 기적을 나타내실 것입니다. 여호수아에게, 선민 이스라엘에게, 그리고 우리들에게 말입니다.

하나님의 큰 일 가나안 정복을 앞둔 여호수아에게 하나님께서는 이런 말씀을 주셨고 지금도 시공을 초월하여 우리에게 주십니다. "네 평생에 너를 능히 대적할 자가 없으리니 내가 모세와 함께 있었던 것 같이 너와 함께 있을 것임이니라 내가 너를 떠나지 아니하며 버리지 아니하리니"(수1:5).

신앙인의 담대함의 근원은 이런 하나님의 언약을 믿는 여부에 달려있습니다. 여호수아는 위대한 지도자 모세에 비하면 자신은 스스로 보기에도 너무 별 볼 일 없는 사람이라고 판단하였습니

다. 그러나 여호수아가 잘못 판단하고 있는 것이 있었습니다. 그
것은 모세에게 있었던 각종 능력과 담대한 일처리는 결코 모세
에게서 나온 것이 아니라는 사실이었습니다. 하나님께서 주신
것이었습니다. 하나님께서 주실 때 모세가 믿음으로 받아 하나
님의 큰 일을 감당할 수 있었던 것입니다. 하나님의 모든 일 배
경에는 항상 오른손을 높이 드시고 축복하시는 하나님이 계심을
믿고 따르는 것이 담대함의 원천입니다.

모세에게 하나님께서 함께하셨듯이 여호수아를 통해 역사하
셨습니다. 마찬가지로 지금도 모세, 여호수아를 사용하여 큰 일
을 하셨던 하나님께서 오늘도 우리와 함께하십니다. 우리를 도
와주십니다. 지금까지의 사역과 삶에 에벤에셀 하나님으로 함께
하셨습니다. 오늘도 임마누엘로 함께하십니다. 앞날도 여호와이
레로 앞서 가시며 하나님 되심을 보여 주실 것입니다. 그리고 분
명 이런 고백을 하게 될 것입니다. "그가 친히 말씀하시기를 내
가 결코 너희를 버리지 아니하고 너희를 떠나지 아니하리라 하
셨느니라 그러므로 우리가 담대히 말하되 주는 나를 돕는 이시
니 내가 무서워하지 아니하겠노라 사람이 내게 어찌하리요 하노
라"(히 13:5,6).

육신의 눈으로는 볼 수 없으나(만질 수 없으나, 느낄 수 없으
나, 불가능해 보이나) 하나님을 바라보니 볼 수 있는 것(만질 수
있는 것, 느낄 수 있는 것, 가능해 보이는 것)이 믿음입니다. 담

대한 믿음입니다. 믿음대로 될 것입니다. 소원대로 될 것입니다. 기도대로 될 것입니다. 그 이유는 단 한 가지, 우리가 하나님을 하나님 되게 하는 믿음을 보였기 때문입니다.

3. 죽음 앞에서의 담대함입니다.

진리를 전하며 진리대로 사는 일에 담대하면 죽음 앞에서도 담대해 질 것입니다. 하나님께서 원하시는 큰 일을 하는 데 담대한 믿음을 보이면 그때는 죽음 앞에서도 담대한 믿음을 선물로 받게 될 것입니다. 그 이유는 기독교인으로서의 죽음은 죽음과 동시에 자신이 섬기던 예수님과 그의 나라 천국에 즉시 들어가는 관문이기 때문입니다. 예수님께서 이 일을 성취하시기 위해 십자가에서 대속의 죽임을 당하셨기 때문입니다. "죽음을 통하여 세력을 잡은 자 곧 마귀를 멸하시며 또 죽기를 무서워하므로 한 평생 매여 종 노릇 하는 모든 자들을 놓아 주려 하심이니"(히 2:14,15).

이 진리와 소망 때문에 죽음 앞에 담대했던 사도 바울은 한 때 심한 고민에 빠졌던 적이 있습니다(고후 5:6~8). 계속 담대히 진리 선포와 하나님의 일을 할 것인지 아니면 이제는 그 분의 나라에서 영원한 안식과 보상을 누릴 것인지에 대한 고민이었습니다. 그 정도는 아니지만 죽음의 노예가 되지 말고 죽음을 종처럼 부릴 수 있는 담대한 능력을 받으시기를 바랍니다. 그래서 죽음 앞에서 하나님을 원망하지 말고 도리어 자녀와 교회 후배들이 평생 잊지 못할 담대함을 보이는 은총을 누리시기를 바랍니다.

왕의 위로를 대망하라

너희 하나님이 이르시되 너희는 위로하라 내 백성을 위로하라 너희는 예루살렘의 마음에 닿도록 말하며 그것에게 외치라 그 노역의 때가 끝났고 그 죄악이 사함을 받았느니라 그의 모든 죄로 말미암아 여호와의 손에서 벌을 배나 받았느니라 할지니라 하시니라 외치는 자의 소리여 이르되 너희는 광야에서 여호와의 길을 예비하라 사막에서 우리 하나님의 대로를 평탄하게 하라 골짜기마다 돋우어지며 산마다, 언덕마다 낮아지며 고르지 아니한 곳이 평탄하게 되며 험한 곳이 평지가 될 것이요 여호와의 영광이 나타나고 모든 육체가 그것을 함께 보리라 이는 여호와의 입이 말씀하셨느니라 (이사야 40:1~5)

만왕의 왕 만주의 주

1734월 3월 3일이었습니다. 그 날은 런던 왕립극장에서 유명한 헨델의 메시아가 처음으로 연주되는 역사적인 날이었습니다. 서곡은 이사야40장1절 말씀을 근거로 한 "너희는 위로하라 내 백성을 위로하라"였습니다. 헨델이 파산과 질병으로 삶의 극한 절망에 빠졌을 때 아일랜드 더블린의 총독이 그를 초청하였습니다. 그리고 위로와 용기를 주는 말로 헨델을 다시 일으키며 메시아 작곡을 시작케 하였습니다.

헨델은 작곡을 하던 중 오실 예수님을 예언하는 이사야53장3절에 이르러서는 무릎을 꿇고 한동안 울고 말았습니다. "그는 멸시를 받아 사람들에게 버림 받았으며 간고를 많이 겪었으며 질고를 아는 자라 마치 사람들이 그에게서 얼굴을 가리는 것 같이 멸

시를 당하였고 우리도 그를 귀히 여기지 아니하였도다.” 헨델은
큰 소리로 외쳤습니다. “오! 예수님, 주님은 나의 고통과 절망을
다 겪으신 분이시기에 저를 잘 이해하며 격려해 주시는 나의 주
님이십니다!”

　왕립극장에서 메시아의 첫 연주가 진행되던 중 ‘전능하신 주
하나님이 다스리시네 왕의 왕 주의 주’ 합창이 우렁차게 울려 퍼
졌습니다. 그때 대영제국의 황제 조지 2세가 앉았던 자리에서 주
저 없이 벌떡 일어났습니다. 황제의 마음속에 황제인 자신보다
더 왕이요 주인이신 예수님을 향한 찬양이 울려퍼지는 순간 더
이상 앉아 있을 수 없는 거룩한 충동이 일어난 것입니다. 황제가
일어난 장면을 곁에서 보던 수많은 청중들도 한 명, 두 명씩 일어
났습니다. 드디어 전체 청중이 일어나 ‘할렐루야’ 합창이 끝날
때까지 경청을 하였습니다. 황제와 모든 고관대작들이 만왕의 왕
이요 만주의 주님이신 예수님께 경배와 영광을 일어나 돌리는 그
모습이 후대 모든 성도들에게 귀감이 되어 지금 우리도 그렇게
행하고 있습니다.

　예수님은 우리 영육의 왕이십니다. 우리 가정과 일터의 왕이십
니다. 우리나라와 온 세계 민족과 족속 및 방언 가운데 왕이십니
다. 동시에 온 세계 모든 왕과 대통령들의 왕 중의 왕이십니다.
“예수 우리 왕이여 이 곳에 오소서 우리가 왕께 드리는 영광을 받
아 주소서 우리는 주님의 백성 주님은 우리 왕이라 왕이신 예수

님 오셔서 좌정하사 다스리소서." 예수님을 범사에 자신의 왕으로 모시는 사람에게는 그때부터 주님께서 그에게 왕노릇하실 것입니다.

성도란 예수님께서 자신에게 왕노릇 하실 수 있도록 마음 문을 열어 모시는 사람들입니다. 복 받은 가정과 일터 및 국가도 역시 왕이신 예수님을 황공함과 기쁨으로 모신 증거가 있습니다. 지금도 주님은 말씀하십니다. "볼지어다 내가 문 밖에 서서 두드리노니 누구든지 내 음성을 듣고 문을 열면 내가 그에게로 들어가 그와 더불어 먹고 그는 나와 더불어 먹으리라"(계 3:20).

예수님은 탄생부터 재림까지 왕이십니다!

예수님은 탄생하실 때부터 왕의 호칭을 받으셨습니다. 동방박사들이 감히 헤롯 왕 앞에서 한 말을 성도들은 기억하고 있을 것입니다. "유대인의 왕으로 나신 이가 어디 계시냐 우리가 동방에서 그의 별을 보고 그에게 경배하러 왔노라 하니"(마 2:2). 누가복음의 기자인 사도 누가도 은 열 므나의 비유에서 대부분의 군중들이 예수님을 왕으로 인정했음을 증거하고 있습니다(눅 19:27). 또한 예수님을 범죄자로 낙인찍고자 하는 빌라도 법정에서도 빌라도가 예수님께 "당신이 왕이냐?"라고 질문하였습니다. 그 때 주님께서는 분명하게 "네 말과 같이 내가 왕이니라 내가 이를 위하여 태어났으며 이를 위하여 세상에 왔나니 곧 진리에 대하여 증언하려 함이로라 무릇 진리에 속한 자는 내 음성을 듣느니라"

(요18:37)고 말씀하셨습니다. 그 때 예수님의 대답에 그 누구도, 그 어떤 말로도 반박하거나 비판하지 못하였습니다.

그리고 십자가 위에 쓰여 있는 주님의 명패를 기억하실 것입니다. "나사렛 예수, 유대인의 왕" 이 명패의 글은 그 자리에 있던 모든 유대인들과 로마 군사들이 다 읽을 수 있도록 히브리어, 로마어, 그리고 헬라어로 기록하였습니다. 그리고 3일 만에 죽음, 세상, 사탄권세를 이기시고 부활하시므로 자신이 모든 이 세상의 왕과 대통령 및 사람들의 왕이심을 몸소 선포하셨습니다. 동시에 죽음 권세를 이기시고 부활 승천하신 후 만왕의 왕이요 만주의 주로 재림하실 것을 예언하셨습니다. 그리고 지금도 하나님 나라 천국의 왕으로 좌정하고 계십니다. 즉 예수님은 초림부터 재림하실 때까지 온 피조물과 사람들과 나라들의 왕이십니다. 그 분을 왕으로 모신 사람, 가정, 일터, 나라 및 마음에는 복이 임할 것입니다. 샬롬이 임할 것입니다. 평강과 회복 및 자신감이 넘쳐나게 될 것입니다. 그 결과 영육간에 힘든 사람들에게 나눔을 실행할 수 있는 능력을 주실 것입니다.

왕이신 예수님이 이 땅에 성육신하셔서 하신 중요한 세 가지 사역이 있습니다. 첫째, 각색 마귀를 쫓아내고 병마를 물리치신 것입니다. 왕이신 예수님의 보혈의 권세를 믿고 주님의 영이신 성령의 능력을 믿는 사람들에게도 지금도 사탄, 귀신이 그에게서 나가고 그 자리에 예수님께서 왕으로 좌정하여 위로와 새 힘을 주십니다. 그리고 그 은혜를 받은 사람들은 왕이신 예수님의 자녀다운 삶의 목적이 새롭게 생기며 생활 속에 언행이 바뀌게 될 것입니다.

둘째, 예수님의 특별한 사역은 죄악에서 인생들을 해방시켜 주시는 것입니다. 이사야 선지자는 세월이 흐른 후 때가 차매 구속의 주님께서 이 땅에 오셔서 대속의 고난을 당하심으로 인해 인생들이 죄 용서 받음과 새로운 위로와 산소망을 갖게 될 것을 예언하였습니다. 이는 마치 때가 차매 바벨로 포로에서 해방될 이스라엘 백성들이 기쁨과 위로를 감격적으로 얻을 것을 예언한 것과 같습니다. "너희의 하나님이 이르시되 너희는 위로하라 내 백성을 위로하라 너희는 예루살렘의 마음에 닿도록 말하며 그것에게 외치라 그 노역의 때가 끝났고 그 죄악이 사함을 받았느니라 그의 모든 죄로 말미암아 여호와의 손에서 벌을 배나 받았느니라 할지니라 하시니라."

바벨론의 포로가 되는 치욕을 경험할 선민들에게 유일한 희망은 하나님께서 일방적이요 강권적으로 회복시켜 주는 것뿐이었습니다. 인생들이 자신의 죄악에서 해방되어 놀라운 기쁨과 회복 및 위로를 받을 방법도 오직 왕이신 예수님을 통하여 가능할 뿐입니다. 예수 믿으면 구원받고 천국 간다고 하니 너무 값싼 진리라고 합니다. 그러나 무지의 소치입니다.

영생보험 이야기

평소에 원수지간인 고양이와 쥐가 막다른 골목에서 만났습니다. "오늘이 바로 너의 제삿날이야!" 고양이가 만족한 미소로 말하자 쥐가 단호한 표정으로 대답하였습니다. "너는 절대로 나를 잡아먹지 못해. 절대로!" "이유를 말해봐, 이 생쥐야!" "나 쥐약 먹었거든. 어쩔래?" 그러자 고양이는 자신만만한 태도로 쥐 앞으로 다가서며 이렇게 대답하였다고 합니다. "걱정도 팔자네… 나 보험 들었거든…!"

묻지도 말고 따지지도 말고 보험을 들라고 합니다. 보험을 들면 그 고양이처럼 마음이 담대해지며 행동에 자신감이 생기는 모양입니다. 그런데 보험 중에 최고의 보험이 있습니다. 그것은 바로 영생보험입니다. 일반 모든 보험의 내용은 "~하면 우리 회사가 반드시 ~해 준다"는 식입니다. 그러나 영생보험만큼은 그렇지 않습니다. "~ 믿으면 하나님께서 ~주신다"입니다. 즉 예수님을 믿으면 하나님께서 영생을 보장해 주십니다. 내 공로와 고행의 결과가 아니라 믿음으로 의롭게 되며 믿음으로 영생을 얻는 것입니다.

좀 쉬어 가기 위해 퀴즈를 내봅니다. 혹 개미네 집 주소를 아십니까? '허리도 가늘군 만지면 부러지리' 입니다. 고기 먹을 때 마다 따라 오는 개를 아십니까? '이쑤시개' 입니다. 오리지날의 뒤집어지는 해석이 무엇인지 아십니까? '오리도 지랄하면 날 수 있다.' 입니다.

마찬가지로 우리가 무엇을 얼마나 더해야 영생을 얻을 수 있겠습니까? 영생에 도달할 수 있는 선행과 고행의 양과 질은 얼마나 커야 합니까? 그 기간은 얼마나 길어야 합니까? 그 질은 얼마나 진해야 합니까? 그리고 합격 혹은 통과 심사는 누가 하는 것입니까? 하나님께서 누구에게 그런 자격을 부여하셨습니까? 도대체 해답이 나오지 않습니다. 아니, 나올 수 없습니다.

그러므로 영생에 들어가는 조건은 절대로 인간에게서 나올 수 없습니다. 오직 예수님을 구주로 믿는 자만이 영생을 얻을 수 있습니다. "내 아버지의 뜻은 아들을 보고 믿는 자마다 영생을 얻는 이것이니 마지막 날에 내가 이를 다시 살리리라 하시니라"(요 6:40). 예수님만이 우리들이 죄용서와 영생을 얻게 되는 최초요 최후의 비결이요 유일한 통로입니다.

노랫가락이 구성진 동네는 가락동이랍니다. 황소 타고 피리 부는 동네는 목동이라고 합니다. 못 배워도 서럽지 않는 동네는 무학동이라고 하네요. 그런데 아무리 비싸도 1원이면 무엇이든지 살 수 있는 동네가 있다고 합니다. 그 곳이 바로 일원동이듯이 믿음으로 구원을 얻고 영생에 이른다는 진리가 너무 값싸다고 말하는 분들이 있습니다. 그러나 결코 잊지 말아야 할 것이 있습니다.

그것은 그 어떤 선행과 고행 및 돈으로도 계산할 수 없는 엄청
난 대가를 예수님께서 십자가의 죽음으로 친히 치루셨습니다. 즉
어떤 돈으로도 계산할 수 없고, 혹 해도 불경인 값비싼 진리가 바
로 믿음으로 구원에 이르는 진리입니다. 하나님의 아들이 생각과
언행이 벌레만도 못한 우리를 위해 대신 죽임 당하심의 값을 한
번쯤 헤아려 보는 묵상이 필요합니다. 그리고 그런 주님을 위해
나는 무엇을 해야 할 것인가를 결단하는 행함이 있는 신앙인으로
성화돼야 할 것입니다.

셋째, 왕이신 예수님의 또 하나의 중요사역은 하나님 나라, 즉
우리 마음의 천국과 내세 천국을 완성하시는 것입니다. 예수님께
서 자신을 왕이라 하신 것은 정치적인 나라의 왕이 아니요 궁극
적으로는 하나님 나라의 왕이심을 선포하신 것입니다. 그 곳은
바벨론에서 해방되어 돌아온 선민들이 전혀 새로운 삶과 놀라운
기쁨을 누릴 곳의 완성된 장소입니다.

나도 그렇다!

왕이신 예수님을 모신 사람의 현세와 내세에서의 새로운 삶을
이렇게 표현하였습니다. "골짜기마다 돋우어지며 산마다 언덕마
다 낮아지며 고르지 아니한 곳이 평탄하게 되며 험한 곳이 평지
가 될 것이요 여호와의 영광이 나타나고 모든 육체가 그것을 함
께 보리라 이는 여호와의 입이 말씀하셨느니라." 특히 예수님께
서 영원히 왕으로 통치하시는 천국에서의 삶은 모든 회복과 전화

위복의 완성편이라 믿고 대망해야 합니다.

　물론 우리들의 마음 한 구석에는 늘 '나의 지난 날과 현재의 삶을 돌이켜 볼 때 나 같은 것이 감히 예수님을 왕으로 모실 자격이 있단 말인가? 하나님 나라 백성답게 살다가 과연 천국에 들어갈 수 있단 말인가?' 란 의문이 있음을 부인할 수 없습니다. 그러나 왕이신 예수님의 족보를 보면 큰 위로와 확신이 생길 것입니다. 마태복음의 시작을 보면 주님의 족보가 기록되어 있습니다. 그 명단들을 보면 '아니, 이런 사람도 만왕의 왕이신 예수님의 족보에 등재될 수 있단 말인가?' 하는 의문이 생기게 될 것입니다. 누구일까요?

　먼저는 기생 라합입니다. 그는 사람들이 많이 통행하던 대도시 여리고의 매춘부였습니다. 또한 우리는 룻이 예수님 족보에 기록된 것을 보게 됩니다. 인생의 각종 불행을 다 당한 여인입니다. 참 어렵게 결혼하였는데 남편이 일찍 세상을 떠났습니다. 그 결과 정든 고향과 사람들을 떠나 정처 없는 이민 생활을 하였습니다. 나중에는 먹고 살 것이 없어 추수가 끝난 들녘에서 이삭을 주워 연명을 하던 불행한 여인이었습니다. 또한 야곱은 전자 수갑을 차도 할 말이 없을 정도로 교활한 범죄자였으며 다윗은 피카소처럼 변화무쌍한 인격의 소유자요 비록 전쟁 때문이었으나 사람을 수없이 죽인 자요 간음죄를 범한 사람이었습니다.

그래서 그런 사람들의 이름이 예수님의 족보에서 제거되었습니까? 아닙니다. 반대로 예수님께서 이런 부끄러운 과거를 가진 사람들이 있는 족보에 내 이름이 있다는 것이 수치라며 자신의 이름을 족보에서 슬그머니 빼 버리셨습니까? 더 더욱 아닙니다. 혹 자신의 가문과 조상 혹은 부모님을 생각해 보면 부끄럽기 짝이 없습니까? 할 수 있거든 자기 집안 이야기를 꺼내고 싶지 않고 알리고 싶지도 않는 치욕적인 가족관계를 가지고 있습니까? 혹은 더 이상 누구와 비교할 수 없을 정도로 저주스러운 과거를 갖고 있으며 지금도 그 잔재가 자신의 삶과 가정에 남아 있습니까? 그래서 심지어 심방 오는 것조차 싫습니까? 기억하십시오! 예수님께서 지금 이렇게 말씀하십니다. "나도 그렇다!" 이는 마치 찬송가의 후렴 부분과 같이 그런 분들에게 예수님께서는 반복적으로 말씀하십니다. "네 가족, 족보가 그러냐? 나도 그렇다" "네 삶이 너무 부끄러우냐? 나의 보혈로 씻김 받고 성령으로 깨끗해지며 말씀으로 위로 받고 새롭게 결단하면 된다!"라고 말입니다.

"나도 그렇다!" 움츠리지 말고 주님의 그 위로의 말씀을 그대로 믿고 믿음생활에 전진하다가 그 날 왕이신 예수님께서 좌정해 계신 보좌를 향하여 "면류관 벗어서 주 앞에 드리세 저 천사 기쁜 노래가 온 땅에 퍼지네 내 혼아 깨어서 주 찬송하여라 온 백성 죄를 속하신 만왕의 왕일세"라는 찬송을 드릴 수 있기를 바랍니다.

꿈은 인생의 스펀지입니다

요셉이 꿈을 꾸고 자기 형들에게 말하매 그들이 그를 더욱 미워하였더라 요셉이 그들에게 이르되 청하건대 내가 꾼 꿈을 들으시오 우리가 밭에서 곡식 단을 묶더니 내 단은 일어서고 당신들의 단은 내 단을 둘러서서 절하더이다 그의 형들이 그에게 이르되 네가 참으로 우리의 왕이 되겠느냐 참으로 우리를 다스리게 되겠느냐 하고 그의 꿈과 그의 말로 말미암아 그를 더욱 미워하더니 요셉이 다시 꿈을 꾸고 그의 형들에게 말하여 이르되 내가 또 꿈을 꾼즉 해와 달과 열한 별이 내게 절하더이다 하니라
(창세기 37:5~9)

꿈꾸는 자 요셉

요셉은 꿈꾸는 자요, 꿈이 있는 사람이었습니다. 마찬가지로 하나님께서 쓰시거나 축복해 주는 사람들의 공통점은 꿈을 소유하고 있습니다. 물론 유한한 우리들의 지식으로는 무한하신 하나님과 그 분의 뜻을 온전히 알 수 없습니다. 그러나 하나님께서 자신을 드러내실 때 우리는 우리를 향한 하나님의 계획하심과 뜻을 알 수 있습니다. 이렇게 하나님께서 감추었던 자신을 드러내시는 것을 계시라고 합니다.

그런데 계시에는 두 종류가 있습니다. 일반계시와 특별계시입니다. 일반계시는 자연, 역사 및 양심을 통하여 하나님께서 자신의 뜻을 드러내시는 것입니다. 반면 특별계시는 성경이 기록되기 전에는 주로 꿈과 환상으로 자신을 드러내시며 뜻을 전달해

주셨습니다. 마치 요셉의 경우처럼 말입니다. 그러나 성경이 완성된 후에는 사람들의 구원에 필요충분한 내용과 하나님의 자신을 향한 뜻과 목적을 아는 데 성경 자체가 절대적 가치를 지니게 되었습니다. 성경은 특별계시의 집대성이요, 정수입니다. 그럼에도 불구하고 성경을 통하여 자신을 향한 하나님의 계획을 전혀 모르는 사람들에게 지금도 가끔 꿈을 통하여 하나님은 자신을 계시하기도 합니다.

오늘 새롭게 오신 분이시군요!

어느 가정 이야기입니다. 보통 한국 가정은 남편은 교회 다니는데 소극적이고 아내는 적극적입니다. 그런데 이 가정은 반대였습니다. 아내의 반대는 도에 지나쳐 남편이 자신에게 선물로 준 성경책을 내던질 정도였습니다. 그것도 한 번이 아니고 몇 번을 그렇게 하던 어느 날 이 아내는 꿈을 꾸었습니다. 꿈속에서 하나님께서 나타나 자신이 다닐 교회를 인도해 주시는 것이 아닙니까?

꿈속에서 논두렁을 걸어가는 자신을 발견하였습니다. 옆에 큰 교회가 보였으나 그 곳으로 들어가지 않고 계속 걸어갔더니 다른 교회가 나타나는 것이었습니다. 마음을 추스르고 들어가 보았더니 하얀 한복을 입은 목사님께서 인자한 미소로 자신을 맞이하는 꿈을 꾸었습니다. 깨어난 후 거룩한 두려움이 생겼습니다. 많은 생각과 고민 끝에 신앙생활을 결심하였습니다. 그리고 주일날 집에 있던 성경책을 옷 속에 감춘 후 꿈에 본 길을 걷기 시작하였습니다. 물론 남편 몰래 말입니다.

꿈에 본 논두렁길은 실제로 있었고 큰 교회도 있었습니다. 그리고 얼마를 더 걸어가 보니 소름이 끼칠 정도로 꿈에 본 교회도 실제 있었습니다. 잠시 망설이다 결단한 후 들어가던 중 마침 목사님을 만났습니다. 그런데 꿈에 본 그 목사님이었습니다. 하얀 한복을 입고 계신 것이 아닙니까? 환한 미소로 "오늘 새롭게 오신 분이시군요!" 인사할 때 얼떨결에 "어떻게 이 많은 교인들 중 제가 처음 온 사람인 줄 아십니까?"라고 대답하고 말았습니다.

그렇게 교회생활이 시작된 여성도는 지금 우리 교회 잘 나오시는 여집사님이 되었습니다. 하늘에서 쏟아지는 빗방울 입자가 다 다르고 추운 겨울에 내리는 눈도 송이송이 그 결정체가 다르듯이 교회 나오게 되는 원인과 과정도 다 다릅니다. 그러므로 새 가족이 등록하게 되는 이유들 중 어느 것은 옳고 어느 것은 틀렸다고 단정할 수 없습니다. 사람이 마음으로 자기의 길을 계획할지라도 그 걸음을 교회와 예수님께 인도하시는 분은 오직 하나님이시기 때문입니다(잠 16:9).

사람들 중에는 예수님에 대한 지혜가 전무하고 성경에 대한 지식이 거의 없는 분들이 있습니다. 동시에 교회와 교인들에 대하여 편향적인 사고방식에 사로잡힌 사람들에게 때론 하나님께서 특별한 방법으로 그들을 부르십니다. 마치 아직 예수님과 성경에 대한 지식이 전혀 없으며 선교사님을 평생 처음으로 대하는 오지의 사람들을 부르실 때 때론 이적과 표적으로 그들에게 주님의 존재를 알려 주듯이 말입니다.

그러나 그 여성도가 지금의 여집사요 굳건한 신앙인으로 성숙하게 된 것은 계속적인 꿈과 기적의 체험으로 된 것은 아닙니다. 주일예배 참석과 하나님의 말씀을 사모하였기 때문입니다. 즉 매주일 하나님의 말씀을 감사함으로 받았으며 말씀대로 행하기를 기뻐하였기 때문입니다.

기독교는 어떤 현상이나 예식을 중요시하는 종교가 아닙니다. 살아 계신 하나님의 말씀이 중심이요 성장과 열매의 자양분입니다. "모든 성경은 하나님의 감동으로 된 것으로 교훈과 책망과 바르게 함과 의로 교육하기에 유익하니 이는 하나님의 사람으로 온전하게 하며 모든 선한 일을 행할 능력을 갖추게 하려 함이라"(딤후 3:16,17). 성경을 읽고, 듣고, 그 가운데 기록한 것을 묵상하십시오. 그러던 중 성령께서 주시는 성경적인 꿈과 삶의 계획과 목표를 선물로 받을 것입니다.

마음의 스펀지가 된 꿈

성경이 완성되기 오래 전 시대를 살았던 요셉에게 지금의 성경과 같은 하나님의 말씀이 꿈에 임했습니다. 요셉이 장차 아버지를 포함한 온 가족의 영육을 극한 기근 속에서 소생케 하는 리더가 될 것이라는 꿈이었습니다. 하나님의 요셉을 향한 계시의 음성이었습니다. 두 번이나 똑같은 꿈을 꾸었습니다. 이는 요셉에게 꿈으로 알려 주신 하나님의 계시와 계획이 확실하게 이루어질 것이며 동시에 점진적으로 완성될 것의 표징이었습니다.

그 꿈이 요셉의 일평생을 인도하였습니다. 특히 인생 여정의 어려움과 극한 고통이 있을 때 하나님이 주신 꿈 덕분에 쉽게 좌절하지 않았습니다. 포기하지 않았으며 자살을 생각하거나 자행하지 않았습니다. 형님들의 모함과 살해 위협 속에서도, 전혀 낯선 땅에서의 기약 없는 종살이 가운데에도, 보디발의 아내의 유혹과 전혀 예상치 못했던 장기 교도소 생활 속에서도, 너무나 결정하기 힘든 삶의 선택 길에서도 그는 결코 흔들리지 않았습니다. 하나님께서 주신 꿈이 있었기 때문입니다. 그래서 도리어 요셉에게는 고난이 도전이 되었습니다. 그 이유는 하나님께서 고난 끝에 주신 꿈은 반드시 이루어질 것이라는 믿음 때문이었습니다. 그런 믿음이 마치 그에게 스펀지가 되어 웬만한 삶의 충격에도 크게 흔들리지 않았던 지혜를 우리들도 소유해야 합니다.

요셉 뿐 아니라 우리들도 살아가는 일평생 중 깨어 있는 모든 시간 속에서 외부적인 자극에 노출되어 있습니다. 생존경쟁을 해야 합니다. 무한도전을 계속해야 합니다. 각종 평가와 제재를 받습니다. 전혀 예상치 못했던 사건과 사고를 당합니다. 말도 되지 않는 오해와 잘못된 타인의 비난에 접하게 됩니다. 심지어 돈과 건강, 그리고 마음에 큰 상처를 받기도 합니다. 이런 자극을 반복적으로 받는 우리들에게 필요한 것은 즉각적인 반응이 아닙니다. 올바른 반응을 해야 합니다. 즉 즉흥적인 반응이 아니요 성경적인 반응을 해야 합니다. 마치 요셉과 같은 반응입니다.

요셉은 어떤 사람 혹은 상황의 자극과 아픔 속에서도 결코 하나님을 향하여 원망하거나 사람들을 향하여 불평 혹은 저주를 하지 않았습니다. 요셉이 그런 반응을 보일 수 있었던 것은 마음의 스펀지를 늘 깔아 두었기 때문입니다. 우리들의 몸이 닿는 모든 접촉면에는 스펀지와 쿠션이 있습니다. 소파, 의자, 방석, 침대, 유아용품과 노인시설에 그런 충격을 완화하는 시설은 필수입니다. 그것은 사고와 상처를 방지해 주기 때문입니다.

마찬가지로 우리들의 마음의 스펀지도 그런 역할을 하며 삶의 좋은 예방책이 되는데 그 스펀지는 바로 믿음인 것입니다. 하나님께서 성경과 설교를 통하여 꿈을 주셨다는 믿음입니다. 그 꿈을 중심으로 기도케 하신다는 믿음입니다. 그것을 지금도 성취하고 계시며 결국 때가 차매 이루실 것이라는 믿음입니다. 만일 처음에는 그런 믿음이 없었는데 다 이루어진 후 돌이켜 보니 하나님께서 역사하셨다고 말하는 것은 믿음이 아닙니다. 경험입니다. 성도님은 믿음이 있습니까? 아니면 경험만 있습니까? 처음부터 끝까지 꿈을 이루실 하나님만 믿어야 합니다.

그러나 자신의 꿈이 오직 자기 유익만 위한 것이라면 아무리 믿음으로 기도하며 기대해도 기쁨의 결과가 나타날 수 없을 것입니다. 반면 그 꿈이 하나님께서 주셨으며 하나님을 위한 것이며 하나님의 이름으로 나누고자 하는 목적과 목표가 있으면 하나님께서 결국 이루실 것입니다. 그 증거로 하나님은 요셉의 꿈을 이루시고 약 70명의 가족과 주위 여러 나라와 그 백성들을 엄청난 기근 속에서도 넉넉히 먹을 수 있는 응답을 주셨던 것입니다. 그리고 거의 흉년이 들지 않는 고센 땅이 결국 이스라엘 백성들의 안식처요 피난처가 되는 응답도 주셨습니다. 그러므로 예수의 이름과 존귀한 보혈의 은총을 모르는 사람들에게 그 진리를 알려 주며 영육간에 힘들고 어려우며 가난하고 병든 그리고 외로운 사람들과 나누겠다는 꿈과 기도는 이루어질 것입니다.

만일 우리들의 꿈과 기도제목이 오직 자신만을 위한 것이라면 너무 안타까운 일입니다. 내가 예수님을 믿고 축복을 받아 아파트 값이 급등하고, 사업 혹은 직장생활이 잘 풀리며, 아들, 딸, 손자 손녀들이 공부 잘하고 사춘기를 모르다가 좋은 대학, 직장, 결혼하여 자식을 쑥쑥 잘 낳으며, 내 식구 다 건강하고 큰 병이 없어 병원 잘 출입하지 않고, 좋은 차, 좋은 집, 좋은 음식, 좋은 옷, 좋은 취미를 갖고 삐까번쩍 광내며 살다가, 죽을 때 큰 고통 없이 잠자듯 이 세상을 떠나는 것만을 소망한다면 그 정도는 어느 종교에도 기본적으로 있는 성취일 것입니다.

　자신과 가족에 대한 편안과 안일만을 위해 하나님과 꿈을 이용한다면 결코 올바른 신앙인은 아닙니다. 도리어 사명을 위해 꿈을 꾸고 기도해야 합니다. 그리고 자신에게 허락하신 사명 감당을 한 후에 성령님께서 주시는 평안만을 사모할 때 요셉처럼 하나님께서 성도님들을 기억하실 것입니다. 동행하시며 전화위복의 은총을 주실 것입니다. 혹 본인 당대가 아니면 자식 대에 가서라도 하나님은 응답하시고 이루어 주실 것입니다.

썩지 않고 더럽지 않고 쇠하지 아니하는 유업을 잇게 하시나니 곧 너희를 위하여 하늘에 간직하신 것이라 너희는 말세에 나타내기로 예비하신 구원을 얻기 위하여 믿음으로 말미암아 하나님의 능력으로 보호하심을 받았느니라 그러므로 너희가 이제 여러 가지 시험으로 말미암아 잠깐 근심하게 되지 않을 수 없으나 오히려 크게 기뻐하는도다 너희 믿음의 확실함은 불로 연단하여도 없어질 금보다 더 귀하여 예수 그리스도께서 나타나실 때에 칭찬과 영광과 존귀를 얻게 할 것이니라 예수를 너희가 보지 못하였으나 사랑하는도다 이제도 보지 못하나 믿고 말할 수 없는 영광스러운 즐거움으로 기뻐하니 믿음의 결국 곧 영혼의 구원을 받음이라 이 구원에 대하여는 너희에게 임할 은혜를 예언하던 선지자들이 연구하고 부지런히 살펴서 자기 속에 계신 그리스도의 영이 그 받으실 고난과 후에 받으실 영광을 미리 증언하여 누구를 또는 어떠한 때를 지시하시는지 상고하니라 이 섬긴 바가 자기를 위한 것이 아니요 너희를 위한 것임이 계시로 알게 되었으니 이것은 하늘로부터 보내신 성령을 힘입어 복음을 전하는 자들로 이제 너희에게 알린 것이요 천사들도 살펴 보기를 원하는 것이니라
(베드로전서 1:4~12)

흔들리며 피는 꽃처럼

흔들리지 않고 피는 꽃이 어디 있으랴
이 세상 그 어떤 아름다운 꽃들도
다 흔들리면서 피었나니
흔들리면서 줄기를 곧게 세웠나니
흔들리지 않고 가는 사랑이 어디 있으랴

젖지 않고 피는 꽃이 어디 있으랴
이 세상 그 어떤 빛나는 꽃들도
다 젖으며 젖으며 피었나니
바람과 비에 젖으며

꽃잎 따듯하게 피웠나니
젖지 않고 가는 삶이 어디 있으랴.

도종환님

바람에 흔들리며 비에 젖는 꽃처럼 우리들의 인생도 잔잔한 날이 그리 많지 않은 듯합니다. 물론 고통에는 많은 원인들이 있을 것입니다. 그 중 큰 이유는 자기만족과 자기자랑일 것입니다. 그 결과 자신에게 지나치게 관대하였고 그것이 지금 아픔의 원인이 된 것을 인정하는 것은 복된 자세입니다.

왜냐하면 고통 속에는 하나님의 뜻이 있기 때문입니다. 그리고 훗날 하나님께서 주실 더 아름다운 꽃이 있기 때문입니다(고후 12:9). 신앙은 삶이 더 평안할 때 보다 더 고통스러울 때 꽃이 피고 열매를 맺기 때문입니다. 그 아픔 속에서 '어떻게' 라고 질문하지 않고 '왜' 라고 주님께 아뢰인 결과 얻은 꽃이기 때문입니다. 그래서 베드로 사도는 "그러므로 너희가 이제 여러 가지 시험으로 말미암아 잠깐 근심하게 되지 않을 수 없으나 오히려 크게 기뻐하는도다"라고 증거하였습니다. 그 이유를 "너희 믿음의 확실함은 불로 연단하여도 없어질 금보다 더 귀하여 예수 그리스도께서 나타나실 때에 칭찬과 영광과 존귀를 얻게 할 것이니라"고 말씀하였습니다. 여기서 우리는 현재의 시련 속에서 산 소망을 가질 수 있는 필요 충분한 이유를 발견할 수 있습니다.

성도가 당하는 고난은 시련이지 유혹이 아닙니다

시련(trial)은 하나님께서 허락한 것입니다. 그러나 유혹(temptation)은 사탄이 주는 것입니다. 시련을 주시는 이유는 하나님의 자녀를 더욱 강하게 만드시기 위함입니다. 그러나 유혹은 성도의 영육을 하나님과 멀어지게 하며 결국 신앙생활을 못하게 하기 위함입니다. 시련의 목표는 전화위복이지만 유혹은 넘어지게 하는 것입니다. 그러므로 성도는 하나님의 허락 하에 이루어지는 시련으로 인하여 잠깐 근심할 수 있으나 오히려 크게 기뻐해야 합니다. 그 시험은 성도가 감당할 만하기에 주시는 것이기 때문입니다.

"사람이 감당할 시험 밖에는 너희가 당한 것이 없나니 오직 하나님은 미쁘사 너희가 감당하지 못할 시험 당함을 허락하지 아니하시고 시험 당할 즈음에 또한 피할 길을 내사 너희로 능히 감당하게 하시느니라"(고전 10:13). 만일 욥에게 주시 시련을 우리에게 주신다면 감당할 성도가 그리 많지 않을 것입니다. 아니, 거의 없을 것입니다. 전지하신 하나님은 우리들의 믿음의 양과 질, 그리고 성장의 과정을 잘 아시고 때론 시험을 주십니다. 그러므로 잠깐만 근심해야 합니다. 도리어 기뻐하며 감사해야 합니다. 시련에 대한 자세와 반응이 성숙한 성도가 되는 척도가 되기 때문입니다.

의학박사 후지이 테루아키의 자서전의 제목은 "세상에서 가장 아름다운 얼굴"입니다. 그는 그의 책에서 이런 말을 전하였습니다. "인생에는 반드시 장애가 있습니다. 고개를 숙이면 보이지 않지만 결코 사라지지 않는 것이 있습니다. 그러나 언제인가 기필코 이겨내야 할 것이 있으니 그것은 삶의 고비 고비마다 찾아오는 고난과 역경입니다. 그것을 알기에 내 인생의 고비마다 찾아오는 역경은 더 이상의 장애가 아니라 또 하나의 목표가 됩니다." 불편한 것은 결코 불행한 것이 아닙니다. 하나님이 주시는 시련과 고통도 결코 유혹이 아닙니다. 또 하나님의 자신을 향한 하나의 목표를 깨닫게 되고 그 목표를 향하여 다시 전진하는 출발점에 불과한 것입니다. 그러므로 자신이 당하는 시련 속에 이 정도는 내가 감당할 만하기에 주신 것임을 인정해야 합니다. 시험이 없는 분들을 부러워하지 마십시오. 하나님께서 당신이 받고 있는 그런 정도의 시련을 당하면 주님을 원망하며 쓰러질 믿음임을 아시기에 주시지 않는 것뿐입니다. 그런즉 감당할 능력까지 주신 하나님을 찬양하고 기뻐하시면 그 시험을 주신 목표를 알게 될 것입니다.

그 목표는 시련을 통하여 연단을 받게 하심입니다. 그리고 그 연단 후 믿음을 더욱 순수하고 강하게 하시기 위함입니다. 이는 마치 금광에서 채굴된 금이 섞인 돌들을 제련하는 것과 같습니다. 그것들은 원래 큰 가치가 없는 것입니다. 그러나 뜨거운 용광로에서 제련 과정을 거치면 그 후 큰 가치가 있는 순금이 만들어지는 것입니다. 자신을 철저히 비하하는 성도라 할지라도 최소한 금이 소량으로 섞인 돌보다 낫지 않습니까? 우리는 천사보다 조금 못한 소중한 존재인데 말입니다.

옛날 왕을 늘 기쁘게 해 주는 광대가 있었습니다. 왕의 총애를 너무 받았던 까닭인지 방종하여 그만 왕도 어떻게 손을 쓸 수 없는 큰 죄를 범하여 사형에 처하게 되었습니다. 그러나 그동안 왕을 즐겁게 하여 국사를 이끌어 가는 데 큰 힘이 되었던 공로를 인정받아 죽을 방법을 택할 수 있는 기회를 얻게 되었습니다. 왕은 명령을 내렸습니다. "네 앞에 있는 모래시계의 모래가 다 밑으로 떨어지면 그 때 어떻게 죽고 싶은지 방법을 말해 보아라!" 드디어 모래가 다 밑으로 떨어졌고 광대는 단 한마디 대답으로 자신의 목숨을 구하였습니다. "왕이여! 비천한 저에게 그런 기회를 주시니 성은이 망극하나이다. 제가 택한 죽는 방법은 늙어 죽는 방법입니다. 통촉하여 주옵소서!" 참으로 지혜로운 대답이었습니다.

하나님께서 우리를 창조하시고 우리의 위치와 가치를 이렇게 말씀하셨습니다. "그를(인간) 하나님보다 조금 못하게 하시고 영화와 존귀로 관을 씌우셨나이다"(시 8:5). 우리의 잠재된 지혜는 이 세상, 어느 피조물들보다 월등하고 깊습니다. 천사보다 조금 못할 뿐입니다. 그리고 우리는 어느 하등동물들과 달리 하나님께서 친히 영광과 존귀로 관을 씌워 감히 하나님과 교제할 수 있는 위치를 허락해 주었습니다.

그 지혜와 위치를 잘 선용하여 그 광대처럼 살 수 있는 방법을 찾는 것이 바로 신앙입니다. 영원한 죽음에서, 이 세상 살아가며 여러 가지 시련과 상황에서 살길을 찾는 것이 신앙생활입니다. 그 방법은 오직 예수님을 찾는 것입니다. 그 분께 돌아가는 것입니다. 그 분의 이름을 찬양하고 그 분께 예배드리고 그 분의 존귀한 이름으로 간구하는 것입니다. 마치 더러운 귀신 들린 어린 딸을 둔 어느 여자처럼 말입니다(막 7:24~29). 그 여자는 매주 설교와 성경공부를 통하여 주님에 대하여 체계적으로 알고 있는 우리와 달리 예수님에 대하여 겨우 소문만 들었던 이방 헬라인 이었습니다.

그러나 그는 죽을 만큼 힘든 삶을 살면서도 여전히 예수님께 더 가까이 다가가는 열정을 보이기를 주저하는 일부 현대교인들과 달랐습니다. 소문을 듣고도 곧 예수님께 달려왔습니다. 그리고 그의 발 앞에 무릎을 꿇고 엎드렸습니다. 평생 처음 만나본 낯선 예수님에게 자기 딸에게 있는 귀신을 쫓아 주기를 간절히 간구하였습니다. 그러나 예수님 역시 처음 보는 그 여인의 자신을 향한 믿음을 시험하기 위해 유대인이 아닌 당신 같은 이방 여자에게 자비를 베풀 수 없음을 분명히 전하였습니다. 그 때 그 여자에게서 유명한 신앙고백이 나왔습니다. "주여 옳소이다마는 상 아래 개들도 아이들이 먹던 부스러기를 먹나이다!"

이런 간절한 믿음을 가진 분들을 부활하신 예수님은 지금도 찾고 계십니다. 시공을 초월하시는 주의 영께서 두루 찾으시다가 그 여인과 같은 믿음을 발견하시고 우리의 고통스러운 문제를 해결해 주시는 은총이 교회적, 가정적, 개인적으로 임할 것입니다. 특히 어린 딸이 귀신 들리는 절체절명에 처한 여인과 같은 사정을 가진 교인과 가정이 예수님의 첫 번째 치유의 대상이요 우선적인 사랑 베풂의 대상임을 잊지 말아야 합니다.

　자신이나 혹은 가족이 그런 큰 아픔과 고난을 당하면 교인은 대개 두 가지의 반응을 합니다. 첫째, 회개하는 마음입니다. 그 일이 내 아내, 남편, 부모 혹은 자녀에게 일어난 것은 원인이 바로 자신 때문이라는 뉘우치는 마음입니다. 그러나 조금 더 고통의 시간이 지나면 왠지 하나님을 향해 섭섭하고 억울한 마음이 듭니다. 왜 하필이면 우리 가정인가, 나인가? 하는 마음입니다. 그 상태로 가면 그 동안 주님의 은혜로 얻은 것보다 예수를 믿기에 잃은 것이 더 크게 보이며 먼저 하나님을 피하고 싶은 마음이 듭니다. 그 결과 교회도, 목사도, 교인들도 만나기 싫게 됩니다. 스스로 자학하며 마치 자신에게 일어난 그 일을 모든 교인들이 아는 것처럼 착각에 빠져들게 됩니다.

　그러나 다른 반응은 바로 이 헬라 여인, 즉 다 성장한 딸도 아니고 어린 딸이 귀신들려 극히 평범한 가정생활도 불가능해 졌고 더 이상 아무런 소망없이 절망 속에 보낼 수 밖에 없을 때 예수님께 곧, 즉시 찾아 가는 것입니다. 그리고 무릎을 꿇고 간구하는 결단입니다. 어느 시인은 사람이 희망이라고 외쳤습니다. 그러나 성경은 사람에게서 희망을 보지 말라고 외칩니다. 그 이유는 사람의 마음은 만물보다 더 부패했기 때문입니다. 사람은 끝없이 사랑해야 할 대상이지 의지해야 할 대상이 아닙니다. 그래서 성경은 "귀인들을 의지하지 말며 도울 힘이 없는 인생도 의지하지 말지니"(시 146:3)라고 선포하고 있지 않습니까?

다만 이 헬라인 귀신 들린 딸을 둔 여자처럼 오직 주님만 바라보며 그 분의 사랑과 자비만 구하는 증거를 삶으로 보여드리는 것이 시련을 이길 수 있는 최상, 최고의 비법일 뿐입니다. 부활하신 예수님께서 지금도 영으로 우리에게 외치십니다. 한 번 더 나를 찾고 만나려 간절히 원하면… 한 번 더 내게 와 엎드려 기도하면… 한 번 더 두 손들어 찬양하면… 현실과 타협하지 말고 한 번 더 믿음으로 십일조 및 헌금을 드리면… 한 번 더 예배드리면… 드디어 나를 볼 것이다! 나의 음성을 들을 것이다! 나를 만날 것이다! 간증과 체험이 있을 것이다! 자신이 만난 예수를 전하게 할 것이다! 주님은 결코 우리와 할 일없이 숨박꼭질 하시는 분이 아니십니다!

그러므로 성경은 이렇게 약속하고 계십니다. "여호와여 우리에게 은혜를 베푸소서 우리가 주를 앙망하오니 주는 아침마다 우리의 팔이 되시며 환난 때에 우리의 구원이 되소서"(사 33:2). "나의 영혼이 잠잠히 하나님만 바람이여 나의 구원이 그에게서 나오는도다"(시 62:1). "그가 시험을 받아 고난을 당하셨은즉 시험받는 자들을 능히 도우실 수 있느니라"(히 2:18).

이 여인에게서 우리가 배워야 할 또 하나의 신앙인격이 있습니다. 주님의 은혜와 치유와 응답의 은총을 받아야 하는 과정에서 웬만한 시험이나 심지어 주님의 몸 된 교회생활 하다가 자존심 상하는 일과 사람을 만나도 결코 좌절하지 아니하는 마음입니다. 언어입니다. 태도입니다. 그렇게 한 결과는 무엇이었습니까? "돌아가라 귀신이 네 딸에게서 나갔느니라 하시매 여자가 집에 돌아가 본즉 아이가 침상에 누웠고 귀신이 나갔더라."

예수님을 따르고 믿다가 그의 축복을 받기 위해서는 그 무엇보다 우리들의 마음이 중요합니다. "모든 지킬 만한 것 중에 더욱 네 마음을 지키라 생명의 근원이 이에서 남이니라"(잠 4:23). 시련 중 마음관리는 곧 실력입니다. 능력입니다. 영력입니다. 기도응답의 열쇠입니다. 그 이유는 품고 있는 마음에 따라 그 결과도 판이하게 달라지기 때문입니다. 머피의 법칙이 있습니다. 내 마음 속에 그 일이 잘못될 가능성이 있다고 생각하며 계속 그렇게 말하면 반드시 잘못된다는 것입니다. 반면 셀리의 법칙이 있습니다. 모든 일이 결국 자신에게 유리하고 유익하게 풀릴 것이라고 생각하며 계속 말하며 간구하면 결국 그렇게 될 것이라는 것입니다. 물론 이런 법칙이 절대적인 법칙일 수는 없습니다.

다만 어느 법칙으로 자신의 삶이 진행되느냐는 성도님의 마음 자세에 달려 있습니다. 늘 부정적으로 판단하느냐, 아니면 늘 성경적이요 예수님이 함께하시면 결국 잘 될 것이라 판단하느냐에 달려 있는 것입니다. 늘 부정적인 마음을 가진 사람은 '어떻게 수많은 사람들 중 나인가?' 하지만 성경적인 사람은 '왜 나일까?' 질문합니다. 즉 고난 속에 생각합니다. 그 생각은 깨달음과 지혜를 얻게 합니다. 그리고 지혜과 새로운 깨달음이 새로운 인격과 성품이 됩니다. 그로 인해 고난의 유익성을 발견하는 기쁨을 얻게 될 것입니다.

물이 절반 정도 있는 유리컵을 보면서 늘 부정적인 마음의 사람은 "물이 반밖에 없네!"합니다. 그러나 성경적인 사람은 "물이 반이나 남았네!"할 것입니다. 부정적인 마음을 소유한 사람은 달력을 보면서 "벌써 6개월이 지났네!" 하지만 성경적인 사람은 "아직 6개월이나 남았네!" 합니다. 늘 교회 및 성도들의 잘못된 것만 보입니까? 아니면 그럼에도 불구하고 좋은 면이 더 잘 보입니까? 큰 문제와 난제가 보입니까? 아니면 그것도 넉넉히 제거해 주실 예수님이 늘 먼저 보이십니까? '내 능력으로 해결 못하는 것을 어찌 예수님인들 하실 수 있을까? 예수님의 이름으로 기도한다고 될 수 있을까?' 아니면 "나는 할 수 없으나 예수님의 이름으로 간구하며 예배 중심으로 살면 때가 차매 주님은 하실 수 있습니다!" 이 둘 중의 어느 것입니까? '에이, 자존심 상해! 그만 뒤!' 입니까? 아니면 '예수님 앞에 자존심이 왜 필요한가?

주님 부스러기 축복이라도 주시면 감사하겠습니다!' 하는 마음과 언행입니까? 주님 앞에 자신을 내려 놓고 판단하며 회개할 것을 회개하고 회복해야 할 부분을 회복해야 합니다. 예수님은 십자가에서 자신의 자존심, 자부심을 다 상실했습니다. 다 버렸습니다. 죽음으로 자신을 던져 버렸습니다. 모든 명예, 권세 다 죽음과 함께 묻어 버렸습니다.

"죽으면 죽으리라!" 하셨더니 "죽으면 살리라!" 부활의 영광과 응답을 받으셨습니다. 예수님의 사랑과 축복을 받기 위해 이미 죽어진 것, 그리고 스스로 죽인 것이 있어야 합니다. 내가 죽으면 그 문제는 회복됩니다. 그 상황도 변할 것입니다. 내가 철저히 죽은 모습을 예수님 앞에 보이면 시련을 유혹으로 만들려는 악한 사람과 영도 무서워 떨며 도망할 것입니다. 예수 이름의 권세가 영육과 마음과 육신, 그리고 삶 속에 나타날 것입니다. 그 결과 믿음이 순수해지고 능력 있게 될 것입니다. 마치 용광로에서 나온 순금처럼 말입니다.

예수님만이 우리의 현세와 내세의 유일한 소망입니다. 예수님의 손길과 눈길, 그리고 발길을 사모한다면 자존심을 다 십자가 뒤에 묻어버려야 합니다. 주님 앞에 거지가 되어야 그 분의 사랑을 기적적으로 감격적으로 받습니다. 그런 믿음의 단계로 성숙해 지는 경건과 결단이 있어야 합니다. 주께서 우리를 보시며 오직 죽음을 이기시고 부활하신 예수님을 바라보며 시련을 통과하고 승리하라고 말씀하십니다.

시련 끝의 영광과 칭찬과 존귀를 기억해야 합니다. 이는 현세에 나타나는 결과이기도 하지만 궁극적으로는 예수 그리스도께서 나타나실 때입니다. 곧 주님께서 재림하시는 날입니다. 그 때 종말론적인 보상 또는 상급을 받게 됩니다. 물론 "지금, 당장, 빨리"에 익숙한 우리들에게는 매력 있는 소망은 아닙니다. 그러나 분명한 것은 이천년 전에 초림하셨던 예수님은 하나님의 때에 재림하십니다. 그 때 양과 염소가 구분 되듯이 시련을 통과한 성도와 반복적으로 좌절하며 일어서지 못했던 성도를 향한 상급과 영광은 분명 가름될 것입니다.

이러한 상급을 주는 재림의 근거는 무엇입니까? 첫째, 성경이 1,518번이나 예수님의 재림을 반복하여 증거합니다. "볼지어다 그가 구름을 타고 오시리라 각 사람의 눈이 그를 보겠고 그를 찌른 자들도 볼 것이요 땅에 있는 모든 족속이 그로 말미암아 애곡하리니 그러하리라 아멘"(계1:7). 둘째, 예수님 자신이 재림을 예언하셨습니다. "예수께서 이르시되 네게 말하였느니라 그러나 내가 너희에게 이르노니 이 후에 인자가 권능의 우편에 앉아 있는 것과 하늘 구름을 타고 오는 것을 너희가 보리라"(마26:64). 셋째, 천사들도 주님의 재림을 예언하였습니다. "올라가실 때에 제자들이 자세히 하늘을 쳐다보고 있는데 흰 옷 입은 두 사람이 그들 곁에 서서 이르되 갈릴리 사람들아 어찌하여 서서 하늘을 쳐다보느냐 너희 가운데서 하늘로 올려지신 이 예수는 하늘로 가심을 본 그대로 오시리라"(행 1:10,11).

　이런 성경적 근거와 내적 확신으로 인하여 한국 신앙인들의 대선배이신 길선주 목사님은 이런 말씀을 하였습니다. "나는 걸어오는 신랑보다 가마 타고 오는 신랑이 더 좋고 가마 보다 자동차 타고 오는 신랑이 더 낫고 자동차 보다 비행기 타고 오는 신랑이 더 좋고 비행기보다 영광의 하늘 구름 타고 오시는 신랑 예수가 더 좋다!" 예수님의 재림 신앙과 대망 믿음은 기독교의 최고 최종의 중요한 교리요 고백인 것입니다. 빛이 1초에 지구의 일곱 바퀴 반을 도는 것 같이, 인공위성을 통하여 한 사건 혹은 게임을 전 세계사람들이 동시에 TV로 볼 수 있는 것 같이 주님의 재림도 그러합니다. 전 인류에게 동시에, 가견적이요 최종적으로 이 땅에 임하실 것입니다.

　물론 재림의 장소와 시간을 미리 예언하는 단체는 이단이요 그 대표는 교주입니다. 그리고 그런 자들을 사용하는 악한 영은 어느 정도 한국교회에서 자신들의 전략이 성공하고 있음을 자평하고 있습니다. 그 까닭은 성경에 예언된 재림을 성경대로 설교하거나 강조하는 정상적인 교회와 목사까지 이상한 눈으로 보게 하는 전략이 어느 정도 성공하고 있기 때문입니다. 그럼에도 불구하고 우리는 그 시기와 때는 아버지 하나님의 절대 주권이기에 알 수 없고 알 필요도 없으나 때가 차면 최후 심판주로 예수님은 재림하십니다. 그때 각 사람의 영혼과 육신이 최후 심판 혹은 판단을 받으며 영원한 저주 혹은 영원한 상급과 안식에 들어갈 것입니다.

　그렇다고 우리들이 모든 것을 포기하고 오직 그의 재림만 어느 장소에서 기다리라는 것은 아닙니다. 천국과 주의 재림을 대망하지 않는 사람들은 자기 뜻대로 멋대로 살아갈 것입니다. 내세와 심판을 믿지 않기에 자신에게서 선을 발견하려고 하며 동시에 이 세상에서의 낙에 집중할 수밖에 없습니다. 그러나 내세와 재림을 믿고 대망하는 사람들은 현세를 영적, 도덕적으로 절제하고 충실하게 살아갈 수밖에 없습니다. 언제인가 때가 차면 그분 앞에 설 날이 있다는 성경적 신앙 때문입니다. 그러므로 내세와 재림은 사람과 사회 및 민족을 변화시킬 지름길입니다. 세계적인 청렴국가로 거듭나며 국가신인도를 높일 수 있는 첩경입니다. 그 결과 전 세계와 민족과 방언들 속에 복음을 역수출하는 제사장 나라로 사용받는 비법입니다. 복음이 들어가면 사람이 변합니다. 사람이 변하면 가정과 사회 그리고 민족이 변합니다. 그래서 복음은 좋은 의미에서의 다이너마이트입니다.